主 编｜杜 姣

副主编｜廖婷婷

插 画｜毛丹青

花讯、蝉舞与山间车站

我的日语读写课

有声插图版

上海交通大学出版社
SHANGHAI JIAO TONG UNIVERSITY PRESS

内容提要

　　本书以毛丹青日语作品《日本虫眼纪行》中的 10 篇精彩散文为蓝本，选取与日本文化相关的"人情""风景""习俗""社会现象"等内容，精心打磨了 15 个片段，引领日语学习者在观察日本社会的同时，通过对文中话题及场景的阅读和思考，锻炼用日语叙事和表达的能力。本书作为日语读写能力拓展读物，适合参加高考考试及大学日语四、六级考试的考生，也适合想要提升日语读写能力的学习者。

图书在版编目 (CIP) 数据

　　我的日语读写课：花讯、蝉舞与山间车站：有声插图版 / 杜姣主编；廖婷婷副主编；毛丹青插画 . 一 上海：上海交通大学出版社，2024.5
　　ISBN 978-7-313-30201-4

　　Ⅰ . ①我…　Ⅱ . ①杜… ②廖… ③毛…　Ⅲ . ①日语 - 阅读教学 - 自学参考资料 ②日语 - 写作 - 自学参考资料　Ⅳ . ① H36

　　中国国家版本馆 CIP 数据核字 (2024) 第 035624 号

我的日语读写课：花讯、蝉舞与山间车站（有声插图版）
WO DE RIYU DUXIEKE: HUAXUN、CHANWU YU SHANJIAN CHEZHAN(YOUSHENG CHATU BAN)

主　　编：杜　姣　　　　　　　　　副 主 编　廖婷婷
插　　画：毛丹青
出版发行：上海交通大学出版社　　　地　　　址：上海市番禺路951号
邮政编码：200030　　　　　　　　　电　　　话：021-64071208
印　　刷：上海景条印刷有限公司　　经　　　销：全国新华书店
开　　本：880mm×1230mm　1/32　印　　　张：7.75
字　　数：252千字
版　　次：2024年5月第1版　　　　　印　　　次：2024年5月第1次印刷
书　　号：ISBN 978-7-313-30201-4
定　　价：58.00元

序文

　1999 年に日本語の作家としてデビューした。当時、47 都道府県への旅を実行したたった一つの目的は、日本を描くための一次資料を得ることだった。ここでいう「一次」とは、直接の経験と感受性、および執筆時に使用される言語のことを意味する。言語には母語と非母語があり、それぞれ異なる注入方法がある。前者は生まれつきのもので、自然に生成されるが、後者は人工的に構築され、母語からのサポートを借りて、段階的に非母語の領域に入るようになる。つまり、発音や文法などから始まり、最終的に非母語を完全に把握するまで、前に進んだり後ろに戻ったりしながら歩んでいくプロセスになっている。

　日本語は最初からわりと気楽に感じられた。漢字が豊富に存在しているから、漢字を母語とするわれわれにとっては、ハンデをもらったかのように学ぶことが比較的に楽しいと感じるかもしれない。

もちろん、学び始めると、五十音図を覚えることや、自動詞と他動詞の違いを覚えることなども最初から着実に進めでいかなければならない。中途半端な学習は許されない。

この本はその意味で言えば、日本語の作文教材だ。なぜなら、日本語で直接書くと、すべての文章が母語と非母語の境界を打破したかのように感じられるからだ。また、日本語がいつでも手軽に使えるようになると、実際には母語との間で共通の進歩を成し遂げていた気もするから、言うまでもなく、これはわれわれが日本語を学ぶ以上、達成すべき最高の状態になる。

この本が皆さんに日本語の学習と書き下ろす経験をもたらし、句型や表現方法から始め、段階的に進めばいい。急がずに着実に進化する手助けとなることを期待したい。派手さを求めるのではなく、実りある進歩を成し遂げ、一緒に前進していこう。

神戸国際大学教授

序

  我作为日语作家出道是千禧年的前一年，当时寻访 47 个都道府县的唯一目的就是为了获取描写日本的第一手资料。所谓"第一手"，在此指的是直接的体验与感悟，以及写作时所使用的语言。语言分母语与非母语，两者的输入方式截然不同。前者是与生俱来的，属于自然生成，而后者则是人工打造的，需要在母语的支持下，一步步进入非母语的境地，有进有退，从发音和语法起步，最终完成对非母语的彻底把握。

  日语对我来说，从一开始就很面善，因为有大量的汉字存在，这也许会让我们在学日语时，犹如让子棋一样，会获得一种叫人轻松的感觉。当然，一旦学起来了，不管是背五十音图，还是记住自动词与他动词的区别，一概需要从开头做起，不准许有任何含糊。

  从上述的意义上说，这本书应该是一本日语作文拓展读物，因为所有的文章当我用日语直接撰写时，似乎已经打破了母语与非母语的

界限。而且，我发现当日语能随时随地信手拈来时，实际上与自己的母语处于一个共同进步的状态。不用说，这是我们学日语所应该达到的最高境界。

　　我期待这本书能带给同学们一个读日语写日语的体验，从句式惯用型及遣词造句入手，循序渐进，不求快但求稳，不求艳但求实，让我们继续一起进步。

神户国际大学教授

前言

　　本书以旅日作家毛丹青日语作品《日本虫眼纪行》中的 10 篇精彩散文为蓝本,选取与日本文化相关的"人情""风景""习俗""社会现象"等内容,精心打磨了 15 个片段,引领日语学习者在观察日本社会的同时,通过对文中话题及场景的阅读和思考,锻炼用日语叙事和表达的能力。本书作为日语读写能力拓展读物,适合参加高考考试及大学日语四、六级考试的考生,也适合想要提升日语读写能力的学习者。

　　要写出优秀的作文,在平时进行素材积累和写作训练时,要从生活点滴中挖掘写作的灵感,而很多学习者在生活中积累的经验和素材,难以通过日语有效表达,这成为他们在考试中取得高分的绊脚石。目前,市面上虽不乏应试的阅读和写作辅导书,但是存在选文乏善可陈、练习方式单一等问题,千篇一律的"应试范文",导致学习者的读写能力不但得不到有效锻炼,反而有可能在各类考试面前因仿写不当而"弄

巧成拙"。针对这一现状，我们在获得旅日作家毛丹青的授权后，将其获得"日本第28届蓝海文学奖"的日语作品中的10篇散文整理成册，旨在让学习者阅读文笔流畅、用词考究的日语文章，并在循序渐进的阅读和课后写作训练中，掌握真正的"好词好句"，学会用日语表达。正如毛丹青老师在序言中所说："我期待这本书能带给同学们一个读日语写日语的体验，从句式惯用型及遣词造句入手，循序渐进，不求快但求稳，不求艳但求实。"

具体的板块设置详见"使用说明"。感谢毛丹青老师提供双语文本，并为本书作序。细心的学习者一定发现了，文中的手绘图也来自毛丹青老师，惟妙惟肖的手绘图为本书增添了一抹亮色，比如开篇的"两位作家的相遇"，在毛丹青的笔下，两位诺贝尔文学奖大师——莫言和川端康成的形象跃然纸上。两位生活在不同国度的文学大师，时空相隔，会有怎样奇妙的相遇？希望学习者带着各自的思考去阅读、去感受。

语言学习最好的方式是阅读，写作训练的前提是阅读。在此，我们一并附上《日本虫眼纪行》中的10篇原文，供学子们细细"咀嚼"、吸收、内化，在提升阅读能力的同时，写出满意的佳作。

最后附上日籍外教的朗读音频，扫描下方二维码即可获取。

第1课~第7课

第8课~第15课

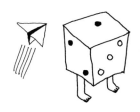

使用说明

　　本书由两部分构成，第1部分为"读写能力训练"，共15课，每课由【美文阅读】【阅读小词典】【阅读赏析及写作点拨】【阶梯式写作训练】四大板块构成。第二部分为"获奖作品延伸阅读"，呈现了《日本虫眼纪行》中的10篇精彩文章，文章全文配有注音，方便读者阅读。

　　为帮助学习者读懂、读通文章内容，编者将第一部分作为本书的核心内容并精心打磨。在【阅读小词典】板块中，就文中出现的核心词汇（电子版）和文法作了说明；此后，进一步借助话题和场景，在【阅读赏析及写作点拨】板块深入分析文章内容，提炼写作用到的"好词好句"，帮助学习者从语用的角度理解语言知识的运用；最后，在【阶梯式写作训练】板块，从填空完成句子的"基础练习"，到连线完成句子及句子翻译两大"扩展练习"，最后进阶到独立写作一篇作文的"作文练习"，通过三段式训练，循序渐进地引导学习者以语言输出为导向，

全方位掌握核心语言知识，从而真正提升日语读写能力。

编者建议每课（包括延伸阅读）的学习时间为 3 小时。为方便教师和学习者更好地使用本书，提升学习效果，现以第 1 课为例，介绍学习时间安排及使用建议。

一、建议学习步骤和时间安排

步骤	学习内容——两位作家的相遇	建议时长
1	泛读文章，参考译文，了解大意	20 分钟
2	借助【阅读小词典】学习本课的单词、语法，完成课后【阶梯式写作训练】第 1 板块	60 分钟
3	精读文章，借助【阅读赏析及写作点拨】，思考并讨论文法知识在原文中的使用	30 分钟
4	完成课后【阶梯式写作训练】第 2 板块	20 分钟
5	运用本课重点文法，完成课后作文	30 分钟
6	拓展阅读全文	20 分钟

二、使用建议

 美文阅读

每课的文章题材新颖、信息量适中，读起来引人入胜。学习者可首先泛读文章，通过对话题和场景的联想，大致把握文章大意，有意识地养成篇章阅读的习惯。不建议学习者在此阶段逐一查阅课后单词和文法的解释，可借助【译文】来理解。同时，文章选段中的汉字标注了对应的假名，学习者可以通过流利地朗读文章，达到事半功倍的学习效果。

阅读小词典

课文中对核心词汇和文法进行了标注，学习者可在【阅读小词典】中查到详细解说，在理解了文法项目后，马上做【阶梯式写作训练】中的"Step1 基础练习"更有效，也可根据实际情况适当地增加练习题。

 阅读赏析及写作点拨

学习者在掌握了词汇和语法"工具"后，常常不懂如何使用，【阅读赏析及写作点拨】引领大家再一次精读文章，这一次把注意力放在具体场景中的文法使用上，通过深入思考文章内容，学习作者的叙述表达方式，锻炼在语用层面的文法使用能力。

阶梯式写作训练

课后练习分为"Step1 基础练习""Step2 扩展练习""Step3 作文练习"三个板块，旨在从形态、句法、语用三个层面，逐一强化文法知识，使学习者最终达到熟练使用文法工具，提升写作表达能力的目的。学习者可以根据自身情况适当地增加练习题。

三、国内主要日语考试写作要求

大学日语四级写作要求及评分标准

考核考生日语写作的能力。要求考生按提示写一篇 200～250 字的短文。考试时间为 20 分钟。

评分标准：衡量内容是否切题，语言表达是否正确。

评分采取"参照样卷、分出档次、综合评分"的做法。具体划分为

4 档。

档次	档次描述
8～10分档	作文切题，内容完整，层次分明，语句通顺，上下文连接自然，表达基本没有错误
5～7分档	作文切题，内容基本完整，个别语句稍欠通顺，上下文稍欠自然，日语表达有少量错误
2～4分档	作文基本切题，内容欠完整，日语表达有较多错误
0分档	不具备基本的日语表达能力，通篇不知所云

在此基础上，参照字数、表记和卷面再酌情扣分。

☑ 字数缺少或超出较多的酌情扣1～3分。总字数不满100字的最多计3分，超出规定字数100字的最多计8分。

☑ 表记不合规范、文体混乱的酌情扣1～2分。

☑ 字迹潦草、标点错误、格式不规范的酌情扣1～2分。

大学日语六级写作要求及评分标准

考核考生日语写作的能力。要求考生按提示写一篇300～350字的短文。考试时间为30分钟。

评分标准：衡量内容是否切题，语言表达是否正确。

评分采取"参照样卷、分出档次、综合评分"的做法。具体划分为5档。

档次	档次描述
13～15分档	作文切题,内容完整,层次分明,语句通顺,上下文连接自然,表达基本没有错误
9～12分档	作文切题,内容较完整,个别语句稍欠通顺,上下文稍欠自然,日语表达有少量错误
6～8分档	作文切题,内容欠完整,日语表达有较多错误,其中有少量初级错误
3～5分档	作文基本切题,内容不完整,日语表达有大量的初级错误
0～2分档	不具备基本的日语表达能力,通篇不知所云

在此基础上,参照字数、表记和卷面再酌情扣分:

▷ 字数缺少或超出较多的酌情扣1～3分。总字数不满100字的最多计5分,超出规定字数100字的最多计9分。

▷ 表记不合规范、文体混乱的酌情扣1～2分。

▷ 字迹潦草、标点错误、格式不规范的酌情扣1～2分。

高考日语写作要求及评分标准

高考日语写作部分满分为30分,2024年起,部分省份改为新题型,增加了一篇应用文写作,共40分。要求学生根据所给的信息,用日语写一篇300～350字(新题型要求280～320字)的短文。提供信息的形式有图画、图表、提纲、词组、短语、短文等。

评分方法:

先根据短文的内容和语言初步确定其所属档次,然后按照该档次的标准并结合评分说明确定或调整档次,最后给分。

档次标准:

档次	档次描述
第六档（26～30分）	写出"写作要点"的全部内容，语言准确流畅，表达形式丰富
第五档（20～25分）	写出"写作要点"的全部内容，语言表达恰当
第四档（15～19分）	写出"写作要点"的大部分内容，语言表达通顺
第三档（10～14分）	写出"写作要点"的一部分内容，语言表达基本通顺
第二档（5～9分）	写出"写作要点"的少部分内容，语言表达欠通顺
第一档（0～4分）	写出"写作要点"的很少内容，语言表达不通顺或字数少于100字

评分说明:

☑ 少于300字者，每少写一行扣1分。

☑ 每个用词或书写错误扣0.5分（不重复扣分）。

☑ 每个影响交际的语言错误（活用、时态、助词、句型等）扣1分，总分不超过5分。

☑ 标点符号及格式错误扣分总值不超过2分。

目录

第①部分
从阅读到写作
——读写能力训练

两位作家的相遇
童趣记
寻访老修辞 +1
日本结影 一朵对珠
不可思议的蔬菜为告
金拾鱼
与大山先生的相识
蝉
飞鸟人
花讯
园艺巧插花
山间车站
陌径鼓奇遇
陌人的落叶

第1课
两位作家的相遇

原文选自《莫言さんと日本への旅》，描述了作者陪同莫言寻访日本文学家川端康成的故居时的所见所思，两位分别来自中国和日本的诺贝尔文学奖获得者，跨越时空，达成了文学的交流。

美文阅读

　　ある年の春、莫言さんと大阪府にある川端康成の旧居を訪れた。その時、神戸から関西国際空港までマイカーで迎えに行った。彼は私に会うなり「飛行機では黙って、心の中で悪だくみをしていたよ」と言った。そして笑って尋ねた。「川端康成先生もこんな感じじゃなかったかな。どこに行っても心の中であれこれ、悪だくみして、あんまり話さない癖があったんじゃないかな」

　　……

　　莫言さんは、自分が川端先生の小説に啓発されたと言っていた。作家同志のコミュニケーションは現場からくるものが多い、生きている者が死者を訪ねた場合でもそれに変わりはないのだとも言った。

　　……

　　私と莫言さんが川端康成旧居を訪れたのは、ある日の午後、晴天、無風だった。出迎えてくれたのは川端家の遠縁の老婦人で、髪はすっかり白髪になり腰は曲がっていたが、話し声は力強かった。彼女は杖を手に、遠くが見渡せる場所にわれわれを案内した。川端は子供の頃からこうやって塀越した遠くを眺めていたという。近くのものは見ようとせず、一人で何もせずにじっと一か所に立って遠くを眺め続けていたと老婦人は言った。

私は川端先生のエッセイの中で当時のことに触れた箇所があったのを思い出した。たしかこんな情景だ。祖父が事業に失敗して、裕福な生活がたちまち崩れ、ずっと子守りをしていた女性もしかたなく里に帰っていった。ところが、ある日、彼が寂しく思っていると、突然、子守女が塀の外から声をかけてきて彼に食べ物をくれた。それ以来彼が遠くを眺めるのが好きになったのは、ある種の温もりの訪れを待つためだった<u>**かもしれない**</u>。

経緯を書いてみればこれだけのことであり、それ以上の込み入った話はない。ところが、中国の一人の作家が静かに川端先生の体験に入り込んだとき、そこにコミュニケーションが生じ始めるのだ。莫言さんは「ある作家を知るにはまず彼の経験を知る必要がある」という。そのためにはわれわれは旅をしているのであり、莫言さんは川端家の遠縁の老婦人の熱心な説明を聞き、川端文学記念館の館長に幾つも質問した。どんな質問だったか私は忘れてしまったが、彼が私に尋ねたことは覚えている。

「その頃彼と一緒に遊んだ幼友達はその後どうしたんだろう？」

どうやら、莫言さんは川端先生が子供の頃とても孤独だったと言う説明をあまり信じていない<u>**らしく**</u>、少なくとも、川端少年にも友達はいただろう、大勢ではない<u>**にしろ**</u>、きっといた<u>**はずだ**</u>と思っているのだ。

作家・莫言という一人の生者が中国からやってきた。一方に、川端康成という、ガス自殺した日本の作家がいる。この二人がある時間軸の中に身を置き、一方がもう一方の経験から何を見つけたとき、文学のコミュニケーションが完成する。そしてこのようなコミュニケーションが、莫言さんが私との旅行をしている最中に実現したことは、私にとって得難いことだ。

✺译文

　　有一年的春天，我陪同莫言寻访了川端康成的故居，地点在大阪府。当时，我从神户开车到关西国际机场接他，莫言一见到我就说："飞机上都没有人说话，憋坏了。"然后他笑着问我："你说川端康成当年是不是也这样，到哪儿都有犯憋的毛病，话不多吧？"

　　莫言承认自己受川端小说的启发，而且还说作家之间的沟通很多都是来自现场的，即便是一个生者寻访一个死者，这一沟通的模式也不会发生改变。

　　我与莫言到川端故居寻访是在一个下午，晴天，无风。出来迎接我们的是川端家的一位远亲，满头白发，腰弯弯的，说起话来却中气十足。她手里拿了一根拐杖，带着我们往很远的地方眺望。她告诉我们川端很小的时候就是这样隔着一道围墙往远处眺望的，他不喜欢看近处的东西，宁愿一个人什么也不做，站在原地一个劲儿地往外看，

一直把眼睛看得直勾勾为止。

我记得川端在他的一篇杂文里讲过这段经历，当时的情景大致如下：祖父家破产了，相对富裕的生活一下子都毁掉了。一直为其做保姆的女人也不得不离开。但是有一天，当他心里觉得凄凉时，突然发现保姆站在墙外跟他打招呼，而且还给他送来吃的。从那以后，川端就变得喜欢向远处眺望，也许是为了等待某种温暖的到来。

事情就是这么平铺直叙，听起来没有过多的曲折，不过，当中国的一位作家悄然走入川端的经历时，沟通也就开始了。莫言说："了解一位作家最先应该了解他的经历。"这句话显然道出了我们旅行的缘由，莫言一边听来自川端家远亲的热心讲解，一边向川端康成文学纪念馆的馆长提出了不少问题。至于这些问题是关于什么的，我没能记住，但我记住了他问我的问题。

"你说，当年跟川端一起玩的童年伙伴现在都去哪儿了呢？"

看来莫言不太相信川端小时候非常孤僻的说法，至少他觉得川端应该有伙伴儿，哪怕不多，也一定有。

作家莫言，一个生者从中国而来，川端康成，一个吸了煤气而自杀身亡的日本作家。当这两个人处于某一个时间段，一方从另一方的经历当中有所发现的时候，文学的沟通也就完成了。更何况，这样的沟通是在莫言与我一同旅行中实现的，对我而言，是珍贵的。

阅读小辞典之重点文法

1 〜から〜まで

解说 "从……到……"。

例句 銀行は午前 9 時から午後 3 時までです。

（银行营业时间为上午 9 时至下午 3 时。）

2 〜に行きます / 来ます / 帰ります

解说 助词「に」前面接续动词「ます」形或名词，表示「行きます」

「来ます」「帰ります」的目的。

例句 芝居を見に行きます。（去看戏。）

3 动词原形 + なり

解说 "一……就……"，后项多是没有预想到的情况。句子的时态多

用过去时，描述已经结束的事情。

例句 音を聞くなり飛び出した。（一听到声音就飞跑出去。）

4 かもしれない / かもしれません

解说 "可能""也许"。

例句 明日は雪が降るかもしれない。（明天可能要下雪。）

5 らしい

解说 "好像……"。表示根据各种客观情况、传闻等做出可能性很高

的推测、判断。

例句 いい天気になるらしい。（看起来天气会很好。）

6 にしろ

解说 "即使……""无论……"，表示让步。

例句 誰がやるにしろ、難しい仕事だ。

（无论谁来做，这都是一项困难的工作。）

7 はずだ

解说 "应该……""一定（会）……"。

例句 兄はもう駅に着いたはずだ。（哥哥应该已经到车站了。）

8 という

解说 "叫作……"。表示下定义或对某事物进行解释、说明。

例句 これは万有引力の法則という。（这就是所谓的万有引力定律。）

9 最中に

解说 "正好处在……的过程中"。

例句 忙しい最中に、友達が訪ねて来た。

（在我正忙的时候，朋友来拜访了。）

阅读赏析及写作点拨

　　原文选自《莫言さんと日本への旅》，描述了作者和莫言寻访日本文学家川端康成故居时的所见所思，两位分别来自中国和日本的诺贝尔文学奖获得者，他们跨越时空，达成了文学的交流。

　　文章首先记述了作者和莫言在机场相见的情景。在此场景中，通常会用到"〜から〜まで"和"〜に行きます/来ます/帰ります"这两种句型，前者可以从空间和时间上表示旅途的起点和终点，后者

可表示移动的目的。另外，两位许久未见的旧友在机场重逢，首先会做什么呢？文章使用了"なり"这一文法，表达一见面就做了某事，当时生动的氛围跃然纸上。

　　在寻访川端康成故居的过程中，两位遇到了一位老妇人，跟随着老妇人的回忆，作者脑海中浮现了川端杂文中描述的场景，虚和实的相互对照，两位作家也完成了跨时空的交流。在此部分，作者并不能客观判断彼时川端的想法，因此文章的描写用到了"かもしれない""らしい"和"はずだ"这三个表示推测的文法。在日语文章写作中，要特别注意区分说话人主观的表达和客观的表达。

阶梯式写作训练

Step1　＜基础练习＞

从方框中选择正确的表达填在下画线上。

> はず　かもしれない　らしい　なり　という　最中　にしろ

①今考えごとをしている＿＿＿＿だから、少し静かにしてください。

②彼はしばらく電話で話していたが、突然受話器を置く＿＿＿＿飛び出して行きました。

③外国で病気になる＿＿＿＿から、旅行の保険に入った方がいいですよ。

④あの子はにんじんがきらい＿＿＿＿ね。いつもにんじんだけ残

すよ。

⑤たとえお金がない＿＿＿＿、食事だけはきちんと取るべきだ。

⑥スポーツ大会の写真は山中君に頼みましょうか。写真サークルの
学生だから上手な＿＿＿＿ですよ。

⑦この学校には、生徒は髪を染めてはいけない＿＿＿＿規則がある
んだ。

Step2　＜扩展练习＞

1. 从 Step1 的 ⬚ 中选出合适的词语，以适当的形式填入句中，并
用直线连接可以一起使用的表达，完成句型。

①彼は合格者のリストに　　　　　メールを送ったけど返事が
自分の名前を発見する　　　　　来ません

②勤め先が小さい会社である　　　誰かが玄関に来た

③電話している　　　　　　　　　跳び上がって大声をあげた

④ヤンさんは今日本には　　　　　社員は就業規則を守らなけ
いない　　　　　　　　　　　　ればならない

①＿＿＿＿＿＿＿＿＿＿＿＿＿＿＿＿＿＿＿＿＿＿＿＿＿＿＿＿＿

②＿＿＿＿＿＿＿＿＿＿＿＿＿＿＿＿＿＿＿＿＿＿＿＿＿＿＿＿＿

③＿＿＿＿＿＿＿＿＿＿＿＿＿＿＿＿＿＿＿＿＿＿＿＿＿＿＿＿＿

④＿＿＿＿＿＿＿＿＿＿＿＿＿＿＿＿＿＿＿＿＿＿＿＿＿＿＿＿＿

2. 请将下列句子翻译成日语。

①从家到学校走路需要 15 分钟。

_____

②去商场购物。

_____

③明天似乎是个好天气。

_____

④明天可能要下雪。

_____

⑤即使是外表看起来很坚强的人，内心也应该有脆弱的地方。

_____

⑥《三体》这本书是中国作家刘慈欣写的。

_____

⑦孩子一看到妈妈，就哭了出来。

_____

⑧正忙着的时候，朋友来了。

_____

⑨吃这种药的话，病应该会好转。

_____

Step3 ＜作文练习＞

旅行常常会让人有意想不到的收获，你在旅途中，有没有印象深

刻的事情呢？请以《忘れられない旅》为题写一篇作文。

写作要点：

①简单介绍此次旅行的时间、人物、目的、出行工具等相关信息。

②描述旅行中让你记忆深刻的事，并陈述理由。

写作要求：

①字数为 300 ～ 350 字。

②格式正确，书写清楚。

③高考日语考生请用「です」「ます」体；其他学习者可使用简体。

（20×20）

第2课
赏樱记

　　原文选自《夜樱》，这次作者来到了京都赏樱胜地——圆山公园。说是赏樱，但文章并未过多着墨于樱花本身，而是生动描绘了作者进入公园后，闻到竹子的清香、河水的湿气，看到阳光照耀下的斑斓的石灯，以及游人三五成群、嬉笑打闹的情景。樱花渗透在日本人的日常生活中，影响着人们的精神世界。赏樱是日本社会非常具有仪式感的活动，作者亲身参与，却又以旁观者的视角观察，并以中国人有仪式感的活动——包饺子为参照，让读者身临其境地领略到了赏樱的趣味。

美文阅读

日本を訪れた人々が口をそろえて言うように、日本の桜は非常に美しい。とりわけ山に満開に咲く桜の美しさは言葉で言い表せない風情がある。日本に来て最初の春、何はともあれ京都まで桜を見に行くことにした。

京都で桜の名所といえばやはり円山公園だろう。公園の近くまで来ると竹のすがすがしい香りがし、公園を流れる小川のおかげで、空気はいつも潤いをおびている。竹は柔らかな緑の葉を整然と風にそよがせている。鶯卵石を敷き詰めた小道が曲がりくねり、石灯籠があちこちに配置されている。陽光が揺れ動く竹の葉を透して照らすと、それらの石灯籠はたくさんの表情—泣く者や笑う者や—を幻のように映し出した。

陽光がしだいに弱まり、夕刻に近づくにつれ、花を愛でようと集まってくる人波が増えだした。家族連れであったり、あるいは気心の知れた友人同士であったり、仕事帰りに同僚と来たものらしかった。桜の下の空き地は余すところなく占領されていた。これらの「縄張り」は大きさも色も様々なビニールシートで仕切られており、ダブルベッドの三倍はあろうかという大きさのものもあれば、小さな腰掛け程度の大きさしかないものもあった。シートは、赤、オレ

ンジ、黄、緑、青、藍、紫と、色とりどりで、静かに咲く薄紅色の桜の前で人々は競うようにさんざめいていた。興にのるにつれ、声も自ずと大きくなる。酒瓶を打つ音がそこここで起こり、大声でしゃべり笑う声が一つの波となって、彼らが話をしているのか、歌っているのか、はたまた飲み過ぎてくだをまいているものやら、ひとつひとつの内容はさっぱりわからない。

しかし桜の花にしてみれば、これもまた空気が巻き起こす風にすぎない。桜の下には和服姿の日本人がたくさん見られる。女性は帯がきついせいかスタスタとは歩けず、いきおい歩幅は小さく急ぎがちになる。石畳を歩くその音は、短く歯切れよく、年越しに中国人がギョウザの餡を作るときの野菜を刻む音を連想させる。

夜の帳が下りてきた。桜の木にかけられた提灯に明かりが灯ると、東山のふもとから石段にそって明かりがずっと延びた。人々はたちまち興奮してきて、ビールの飲み比べをするものや、必死に手をたたくもの、なにやら大声で叫ぶものもいる。

桜

ああ、春の桜

常緑の森林ではなく

一瞬で過ぎ去るその美しさ

……

译文

到过日本的很多人都说，日本的樱花非常美，尤其是那些在山上盛开的樱花，更是有种无以言表的风情。于是，我到日本的第一个春天就急忙到京都赏樱花去了。

说到京都赏樱花的胜地的话，还是圆山公园吧。只要你走在公园附近，就会嗅到竹子的清香味儿，空气里好像还经常飘荡着流经河水的湿气，爽心而且醒脑。竹子呈嫩绿色，一排排很整齐，随微风而沙沙作响。周围有几条像是鹅卵石铺出的弯弯曲曲的小路，到处是石头搭的路灯。每当阳光透过婆娑的竹叶照耀在上面的时候，那石灯们幻化出众多的表情，有的哭有的笑。

阳光逐渐微弱，随着夜幕降临，赏花人越来越多了。他们大都是一家人一堆儿，也有的是知心好友，或者是同事。人们几乎占满了樱花树下的空地，这些"地盘"被大小、颜色不一的塑料布划开。有的比双人床大三倍，有的仅是一个小马扎的尺寸。塑料布的色彩多样，赤、橙、黄、绿、青、蓝、紫，在安静绽放的粉嫩的樱花面前真有点儿争奇斗艳的劲头。兴致高了，声音大了，酒瓶的碰撞声此起彼伏，人们的大声说笑汇成一片声浪，不知他们是在说，还是在唱，还是喝多了在瞎哼哼。

但是，对樱花来说，这只是从空气里卷来的风而已。樱花树下的很多日本人都穿和服。女人们大概由于和服带子的束缚，步子迈不大，

步幅小而急促，走在石头路上的跋拉声很碎，又短又脆，让人联想到大年三十晚上中国人在家里做饺子馅时切菜发出的声响。好不热闹！

每棵樱花树上都挂着灯笼，随着夜幕降临，点点光亮从东山山脚沿着台阶一直向上延伸。一伙伙的人顿时兴奋起来，有的比着大口喝啤酒，有的使劲儿鼓掌，有的在大声喊叫：

樱花——春天里的樱花，

你不是常绿的森林，

你是瞬间逝去的美丽

……

阅读小辞典之重点文法

❶ はともあれ

解说 "对……不做考虑"。

例句 理由はともあれ、無断欠勤とは何事だ。

（不管什么原因，怎么能旷工呢！）

❷ といえば

解说 "说到……的话"。

例句 楽しいといえば学生時代ほど楽しい時はない。

（说到开心，没有比学生时代更开心的时光了。）

❸ おかげで

解说 "幸亏……" "托……的福"。

例句 あなたのおかげで、命が助かった。（多亏了你，我的命保住了。）

❹ につれ

解说 "随着……"。

例句 年を取るにつれ、昔のことが懐かしく思い出される。

（随着年龄的增长，我越来越怀念过去。）

❺ に過ぎない（にすぎない）

解说 "只是""只不过"。

例句 それは言い訳にすぎない。（那只是借口。）

❻ せい

解说 "都怪……""由于……的缘故"，「せいか」表示并不确定的原因。

例句 鈴木が遅れたせいで、私も遅刻してしまいました。

（因为铃木迟到了，所以我也迟到了。）

阅读赏析及写作点拨

　　原文选自《夜樱》，这次作者来到了京都赏樱胜地——圆山公园。说是赏樱，但文章并未过多着墨于樱花本身，而是生动描绘了作者进入公园后，闻到竹子的清香、河水的湿气，看到阳光照耀下的斑斓的石灯，以及游人三五成群、嬉笑打闹的情景。樱花渗透在日本人的日常生活中，影响着人们的精神世界。赏樱是日本社会非常具有仪式感的活动，作者亲身参与，却又以旁观者的视角观察，并以中国人有仪式感的活动——包饺子为参照，让读者身临其境地领略到了赏樱的趣味。

　　到了日本，当然要去赏樱，作者用了"はともあれ"这一文法，

表达了"无论如何，不管怎么样"都要去赏樱的迫切心情。那说到赏樱，会首先想到哪个地方呢？通常用"といえば"，表示提起某个话题时脑子里首先浮现出来的事物，比如"京都で桜の名所といえばやはり円山公園だろう"（说到京都赏樱胜地的话，还是圆山公园吧）。

　　白天和夜晚的赏樱活动，其风景也各不相同。作者从夕阳西下、白天转为夜晚开始，描写了夜樱的不同。"につれ"这一句型就可以用在类似场景中，表示"随着前项的变化，后项也随之发生了改变"。比如"夕刻に近くにつれ、花を愛でようと集まってくる人波が増え出した"（随着夜幕降临，赏花人越来越多了）。

阶梯式写作训练

Step1　＜基础练习＞

从方框中选择正确的表达填在下画线上。

> せい　はともあれ　おかげ　につれ　といえば　に過ぎない

①今年は海外旅行をする人が多かったそうです。海外旅行_____、来年みんなでタイへ行く話が出ています。

②今日、私が指揮者として成功できたのは斉藤先生の厳しいご指導の_____です。

③調査が進む_____、地震の被害のひどさが明らかになってきた。

④この問題について正しく答えられた人は、60人中3人_____。

⑤夜眠れないのは騒音の_____だ。

⑥成績_____、よく努力した。

Step2 ＜拡展练习＞

1. 从 Step1 的 ⎡￣￣⎤ 选出合适的词语，以适当的形式填入句中，并用
直线连接可以一起使用的表达，完成句型。

①鈴木さんが急に休んだ　　　　仕事がだいぶ早く終わった

②彼が手伝ってくれた　　　　　環境の汚染が問題になってきた

③能力　　　　　　　　　　　　今日は３時間も残業しなけれ
　　　　　　　　　　　　　　　ばならなかった

④産業の発達　　　　　　　　　この事件について強く抗議し
　　　　　　　　　　　　　　　ます

⑤李さん　　　　　　　　　　　卒業以来、会ったことがない

⑥私は無名の一市民　　　　　　あんな年では勤まらない

① _____

② _____

③ _____

④ _____

⑤ _____

⑥ _____

2. 请将下列句子翻译成日语。

①说起日本，我就想到樱花。

_____

②妈妈总是说："不得感冒，要归功于每天早上慢跑。"

_____

③随着时代的发展，结婚的形式也发生了变化。

_____

④他不过是凭借父亲有名，而并非自己有实力。

_____

⑤大概是原材料便宜，所以这个产品的价格便宜。

_____

⑥夏天暂且不说，冬天可真难熬。

_____

Step3 ＜作文练习＞

　　每到中国的传统节日，许多地方都会举行具有当地风土人情的庆典，你的家乡会举行什么样的传统活动呢？请以《故郷のお祭り》为题写一篇作文。

　　写作要点：

①简单介绍家乡庆典的背景。

②谈谈你对庆典的看法并陈述理由。

　　写作要求：

①字数为 300 ～ 350 字。

②格式正确，书写清楚。

③高考日语考生请用「です」「ます」体；其他学习者可使用简体。

（20×20）

第3课
寻访专修寺

原文选自《専修寺の朝》，作者在旅途中，寄宿在一位农妇家，这位农妇和同样在此住宿的一群北海道木工，为他带来了不可思议的际遇。由此，他在一个天阴的冬日，伴随着寺院僧人诵经的声音，来到了专修寺。

美文阅读

日本には、海からほど近い場所にも多くの寺がある。ほのかに漂う磯の香りで海が近いとわかるのだ。前日に雨が降り、翌朝になって白い雲が残るような冬の日には、境内の木々の梢の鳥のさえずりもぐんと少なく、御影堂①からの読経の声がひときわ大きく感じられる。

私がはじめて専修寺を訪れたときに目にしたのは、まさしくこのような情景だった。

その旅で私の足が寺に向いたのは、いつもの好奇心からではなく、宿泊先の農家のおばあさんに引きつけられたからであった。そのときは不思議に感じられた彼女の日常生活は、後に日本人と接する機会が増える**につれて**理解できるようになったのだが、あの朝まで、私はごく普通の日本人の日常生活についてとりたてて深く考えたことさえなかった。

専修寺は、三重県津市の一身田町というところにある。今からおよそ五百年前に、親鸞②上人③の所縁で建てられた寺で、高田教団の歴代の上人が居住する**ようになり**、本山となった。また、一身田は本山**とともに**発展した寺内町でもあった。寺の近くに学校がある。生徒の制服は、寺の壁の**ような**灰色で、太陽の下では時折きらきらと輝くことがある。おばあさんの家は学校の裏にあり、農業

のかたわら木造の下宿屋を営んでいた。田んぼや畑に囲まれ、夏になると蛙の鳴き声が絶えないという。真冬の今、その情景を想像すると、心なしか暖かくなるような気がした。

私が「旅のものですが、この二、三日泊まらせてもらえますか?」と尋ねると、おばあさんは親切に角部屋に案内してくれた。そして共同トイレと風呂場の場所を教えてくれながら、こう説明した。

「ここにはね、出稼ぎに来ている北海道の人たちが来るの。北海道は冬寒くて、仕事にならないの。このあたりに土木の仕事をもらって、がんばっているんだ。人はいいけど、酒癖が悪いでね、飲み過ぎると大声で騒ぎ出すもの。まぁ、お兄ちゃん、気にしないでね」

その夜、おばあさんの言うとおり、酒の匂いをプンプンさせて男たちは帰ってきた。匂いが廊下に充満しそうだった。そして彼らが長靴を脱ぎ捨てる音は、まるで隕石が落ちたかと思うほど、ドカンドカンと大きく響いた。彼らの昼間の苦労が重い疲労に変わっているんだろう、やがて始まった酒盛りの騒ぎを気にしつつ、私は早々と布団にもぐった。

注①御影堂：本州と四国・九州とに囲まれた内海。

注②親鸞：鎌倉初期の僧。

注③上人：智徳備えた高僧。

译文

日本有许多寺院离海很近，有时不用你特别留意，仅仅从寺院里洋溢出的海岸的香气就能够有所察觉。如果是一个前一天下了雨，第二天又天阴的冬日，寺院内树梢上的欢叫的鸟声也会骤然减少，但是大堂和尚的念经声显得格外悦耳。

我第一次步入专修寺就是在上述的光景中。

当时，我迈进寺院大堂，并不是因为一直怀有好奇心，而是受到了民宿的一位农村老妇的感召。当时让我感到不可思议的是她的日常生活，不过她对我的感召，随着后来我跟日本人的接触而渐渐理解了。但那个早晨之前，我甚至都没有往深处想过普通日本人的生活。

专修寺位于三重县的津市，所在地叫"一身田"，大约是 500 年前为尊崇净土真宗鸾高僧而建造的。后来，高田教会的历代人都居于此，它便成为总寺院。"一身田"也因此而发展起来。寺院附近有一所学校，学生们的校服像寺院的墙壁一样，颜色发灰，但在阳光下有时也格外耀眼。农妇的家在学校的后院，她在干农活的同时，也经营着民宿。周围都是稻田，夏天的夜晚，蛙声四起，不绝于耳。眼下正是寒冬，想到此情此景，我心里不禁感到一阵温暖。

"我是来旅行的，可以在这住两三天吗？"

我这样问时，农妇很热情地带我来到楼下拐角的一间客房，她一边告诉我公共厕所和洗澡间在哪里，一边跟我说："我们这儿经常住

着一些从北海道来打工的男人，他们那边冷，一到冬天就没有活儿了。他们在这边接了木工活，正拼命干呢。人不错，但一喝酒，就大喊大叫。你不必介意。"

　　果然，正如农妇所说，当天夜里，北海道的工匠们回来了，酒气熏天，满过道都是。他们穿着高帮胶鞋，在过道外脱下来的时候，落地的声音好似陨石降落般。他们白天的辛劳已经转为沉重的疲劳，乘着酒兴大声喧哗，而我则钻进了农妇为我铺好的被窝里，强迫自己入睡。

阅读小辞典之重点文法

❶ ようになる

解说 "变得……""逐渐会……"。用来表示能力、状况、习惯等的变化。

例句 子どもが生まれたことで、食べ物の安全を気にするようになった。（孩子的出生让我开始注意食品安全。）

❷ とともに

解说 "和……一起""随着……"。

例句 ベルが鳴るとともに、子供たちはいっせいに運動場へ飛び出した。（下课铃一响，孩子们就一起飞快地奔向操场。）

❸ ようだ

解说 "像……那样""宛如"。表示比喻、列举、推测。

例句 彼女の笑顔は太陽のように明るく輝いている。

（她的笑容像太阳一样明媚、灿烂。）

④ かたわら

解说 "一边……一边……"。表示集中主要精力做某件事的同时，顺便做另外一件事。

例句 彼は歌手としての活動のかたわら、小説家としても活躍している。（他作为歌手从事各种活动的同时，作为小说家也很活跃。）

阅读赏析及写作点拨

原文选自《專修寺の朝》，作者在旅途中，寄宿在一位农妇家，这位农妇和同样在此住宿的一群北海道木工，为他带来了不可思议的际遇。由此，他在一个天阴的冬日，伴随着寺院僧人诵经的声音，来到了专修寺。

文章的第四段对专修寺的背景做了介绍，"專修寺は、三重県津市の一身田町というところにある"（专修寺位于三重县津市，一个叫作"一身田"的地方）。日语写作中，如果想要介绍某名胜古迹的地址，就可用"～は～にある"这一句型，表达"位于……"，比如"楽山大仏は四川省の楽山市にある"（乐山大佛位于四川省乐山市）。紧接着，文章又介绍了专修寺的建造时间和目的，"今からおよそ五百年前に、親鸞上人の所縁で建てられた寺"（大约是500年前为尊崇净土真宗鸾高僧而建造的）。在日语中，介绍名胜的建造通常用被动态"建てられた"，因为介绍的重点是"建筑物"而非"建造者"。

阶梯式写作训练

Step1 ＜基础练习＞

从方框中选择正确的表达填在下画线上。

ようになる　　かたわら　　ような　　とともに

①最近、日本の食事になれて、さしみが食べられる_____。

②秋の深まり_____今年も柿がおいしくなってきた。

③弟はケーキやチョコレートの_____甘いものばかり食べます。

④あの人は大学院での研究の_____、小説を書いているそうです。

Step2 ＜扩展练习＞

1. 从 Step1 的 ⬚ 选出合适的词语，以适当的形式填入句中，并用
   直线连接可以一起使用的表达，完成句型。

①品質がよくなる　　　　　　　ビタミンＣを多く含む果物を
　　　　　　　　　　　　　　　食べるといい

②母もやっとパソコンが使える　家事を手伝っていました

③風邪を引いた時は、みかん　　よろこんでいる

④家にいた時、勉強　　　　　　値段が高くなる

①_____

②_____

③_____

④_____

2.请将下列句子翻译成日语。

①从下个月开始，这个车站的急行列车也会停运。

_____

②随着气温升高，樱花也开始逐渐开放。

_____

③我喜欢如足球或篮球之类的团体运动。

_____

④她在上班的同时，还积极参加志愿者活动。

_____

Step3 ＜作文练习＞

在旅途中，让你印象深刻的名胜古迹是哪里呢？什么原因让你记忆犹新呢？请以此为话题写一篇作文。

写作要点：

①简单介绍一下你参观该名胜古迹的经过。

②介绍该名胜古迹的背景，并谈谈让你印象深刻的理由。

写作要求：

①字数为 300 ～ 350 字。

②格式正确，书写清楚。

③高考日语考生请用「です」「ます」体；其他学习者可使用简体。

（20×20）

第4课
专修寺清晨

原文选自《専修寺の朝》，作者在一位农妇家投宿时，遇见了同样在此住宿的一群来自北海道的木工。次日清晨，农妇和这群木工共同奔赴专修寺的身影，吸引了作者也追随而去。

美文阅读

　早朝、誰かが足早に廊下を通り過ぎる足音で目が覚めた。トイレにでも行こうとする北海道の男ではないかと思ったが、耳を澄ますとそれは下駄の音で、乱石に流れてゆく水のようにリズミカルだ。足音はなぜか急に私の部屋の前で一瞬止まった。おや、と思ったが、足音はまた響き始めた。不思議に思った私は、引き戸を開けてのぞいてみた。廊下を通りすぎたのはほかでもない、あのおばあさんではないか。彼女は、農家の人がよくかぶるような鍔広の帽子を被って、首にはタオルを巻き付け、専修寺のほうへ向かって歩いていた。

　おばあさんは念仏者の**ようだ**。下駄の音は田んぼ道に消え、彼女の手首にのぞく数珠が光っていた。彼女の後について行こうかと思ったその時、廊下の向こうからまた、とことこ急ぐ足音が近づいてきた。今度は、下駄ではなく、陸上選手がゴム製の滑走レーンを踏み込んだような音。まさかと思ったが、それは夕べ酒を飲んで騒いでいた連中だった。彼らは、おばあさんの後ろを追うように、一陣のつむじ風の**ごとく**遠ざかった。そして、彼らの腕にもまた数珠が見えた。

　私にとって、この朝の体験は神秘的だった。暗闇の中の幻覚よりも、

むしろ曙光に照らされた彼らのきっぱりした足取りが神秘的に感じられたのだ。おばあさんと出稼ぎの男たちは、専修寺に出かけていくときに何を思うのだろう。おそらくそれぞれ違う思いがあるだろう。しかし、仏に向かって念仏を唱えるその瞬間、彼らの間にきっとなんらかの共感が醸し出される**に違いない**。私は、それを想像しながら、急いで服を着た。彼らの後ろに続くつもりだったのだ。

部屋を出て戸を閉めようとした時に、私は、足元に紫色の袱紗に乗せた数珠が置いてあることに気がついた。数珠は私に何かを語りかけてくるように見えた。きっとおばあさんがここで足を止めて置いてくれたに違いない。胸に熱い思いがこみあげてきた。私は数珠を握って急いで彼らの後を追った。

田んぼ道**に沿って**歩いていくと、目の前に、昇り始めた太陽を背にした専修寺が現れた。朝焼けで大地は金色に染められていた。おばあさんと男たち、そして四方から集まってくる人々は、寺に向かって、まるで赤い太陽の中に溶け込んで行くように歩いている……

✿ 译文

第二天清晨，我被过道里一阵脚步声吵醒了。起先我以为是北海道男人的起夜，可细听上去，脚步声好像是木屐踏地时的鸣响，有节奏，很连贯，像流入乱石里的小溪。正在这时，脚步声忽然在我的房间门

前戛然而止，我不禁心一惊，但只是一瞬间，脚步声又响起了。我打开拉门，跟随着脚步声，好奇地往窗外看，原来是那位农妇。她戴着一顶农妇常戴的带帽沿的长方帽，脖子上围着毛巾，朝着专修寺的方向走去。

她好像是念佛的人。木屐的声响从过道里一直消失在田间的土路上，手腕上的念珠时而露出一点光亮。正当我也想跟着她一起去的时候，忽然又从过道的另一头传来急促的脚步声。声音不像农妇的木屐，好像是帆布鞋踩到了橡胶跑道上一样。我怎么也没想到他们就是昨夜喝酒吵闹的那群北海道男人。他们跟在农妇的后面行走，像一阵旋风般远去了。他们的手腕上，也有念珠。

对我而言，这天早晨的体验是神秘的，它的神秘不是来自黑暗中的幻觉，而是来自曙光照耀下的他们的明确行动。农妇和北海道男人朝向专修寺的时候，所想所思或许不同，但是当这些人面对佛坛念经的时候，哪怕是一个瞬间，也许也有一种同在的感应吧。我一边这样想着，一边急忙穿好衣服，准备跟在他们后面一起到专修寺去。

正当我走出房间欲关门时，发现就在拉门的外面，有一串念珠摆放在一块紫色的绢布上，像是在召唤我。这一定是农妇刚才停在门前时留下的。我的心头一热，急忙拿起念珠，跑出了过道，去追赶那些念佛的人。

当我沿着田间的小路面向专修寺走去的时候，一轮红日从寺院的

后方升起，大地被浸染成了一片金色，农妇和北海道的男人，还有许多念佛的人从周围纷纷聚集到一起，他们朝着寺院的方向，就像融入了火红的太阳里一样陆续前行……

阅读小辞典之重点文法

❶ ようだ

解说 "好像……" "似乎……"。表示主观推测，带有不确定的语气。

例句 先週は図書館が休みだったようだ。（上周图书馆好像休馆。）

❷ ごとく

解说 "像……一样" "就像……"，表示比喻，举例。用法与「～ように」相同，是古典日语中文言体的用法。

例句 暑い日に草むしりをしていたら、汗が滝のごとく流れてきた。（大热天除草的时候，汗水像瀑布一样流下来。）

❸ にとって

解说 "对……来说"，表示站在某立场来说。

例句 私にとって、今一番大切なものは、飼っている犬です。（对我来说，现在最重要的东西是我养的狗。）

❹ に違いない

解说 "一定……" "肯定……"，表示断定。

例句 彼は日本に 10 年以上住んでいたので、日本語のレベルが高いに違いない。（他在日本住了 10 多年，日语水平一定很高。）

5 にそって

解说 "沿着……" "按照……"。

例句 通りにそって食べ物を売る店が並んでいる。

（沿着马路，排列着很多买食品的商店。）

阅读赏析及写作点拨

　　原文选自《専修寺の朝》，作者在一位农妇家投宿时，遇见了同样在此住宿的一群来自北海道的木工。次日清晨，农妇和这群木工共同奔赴专修寺的身影，吸引了作者也追随而去。

　　农妇的穿戴虽然和一般农妇无异，但她手腕上的念珠，以及大清早走向寺院的身影，让作者推测出她是念佛的人。在日语表达中，当我们想要表示推测时，可以用"ようだ"，比如原文中的"おばあさんは念仏者のようだ"（她好像是念佛的人）。另外，如果我们对推测的结果非常确定，则可用"〜に違いない"表示断定，比如在文章中，作者认为农妇和北海道男人们朝向专修寺的时候，哪怕所思所想有所不同，但在佛前诵经时，也一定存在着某种共鸣。"彼らの間にきっとなんらかの共感が醸し出されるに違いない。"

　　这天早晨的经历，对农妇和北海道木工而言，也许是司空见惯的，但对作者而言却是神秘的。我们在表达立场的时候，可以用"〜にとって"，意为"对……来说"，比如"私にとって、この朝の体験は神秘的だった"（对我而言，这天早晨的体验是神秘的）。

阶梯式写作训练

Step1　＜基础练习＞

从方框中选择正确的表达填在下画线上。

ようだ　　ごとく　　にとって　　に違いない　　にそって

①反省とは、あたかも他人を眺める＿＿＿＿自らを客観的に観察して行う精神活動である。

②あれ、この牛乳、ちょっと悪くなっている＿＿＿＿です。変な匂いがします。

③これは普通の絵かもしれないが、私＿＿＿＿は大切な思い出のものだ。

④合計がこんなに大きい数字になるなんて、だれかが計算を間違えた＿＿＿＿。

⑤会社の経営方針＿＿＿＿、来年度の計画を立てる。

Step2　＜扩展练习＞

1. 从 Step1 的 ⬚ 选出合适的词语，以适当的形式填入句中，并用直线连接可以一起使用的表达，完成句型。

①（父から息子への手紙）　　　　　　表情から見て、本当の

　前回の手紙に書いた　　　　　　　ことを知っていた

②森さんは今日元気がない　　　　　ゴミをどう処理するか

　　　　　　　　　　　　　　　　　は大きな問題です

③現代人

何か心配なことがある
のでしょうか

④彼は何も言わなかった

年間の学習計画を立て
ています

⑤創立者の教育方針

私も来年は定年だ

① _____

② _____

③ _____

④ _____

⑤ _____

2. 请将下列句子翻译成日语。

①就像宇宙是无限的一样，人的想象力也是无限的。

_____

②好像门铃响了。

_____

③对我而言，狗狗已经成为家人一样的存在。

_____

④小李一定是去旅行了，我几次打电话他都不接。

_____

⑤这条街排列着许多气派的宾馆和百货店。

_____

Step3 ＜作文练习＞

中国有很多的传统习惯，比如除夕夜发红包，元宵节猜灯谜，清明节扫墓、踏青等等，请以《我が家の伝統行事》为题，介绍你家中的一个传统习俗。

写作要点：

①简单介绍你家里的传统习俗。

②谈谈你和长辈对该习俗的看法并陈述理由。

写作要求：

①字数为 300 ～ 350 字。

②格式正确，书写清楚。

③高考日语考生请用「です」「ます」体；其他学习者可使用简体。

（20×20）

第 5 课
日本缩影——末班车

原文选自《最終電車》,在这一选段中,作者透过"末班车",向读者展示了日本大都市生活的另一侧面。

大阪に出勤して一日目にまず覚えたことは終電の時間だ。大阪から神戸までの最終の快速電車は深夜十二時二十五分、正確に言えば翌日の零時二十五分に発車する。

日本での暮らしも長くなり、交際もどんどん増え、友達と食事をしたり飲みに出かけたりする機会も増えた。時には私から誘うこともあるが、これはほとんどがつきあいで、人に誘われるのに比べて回数は大分少ない。しかしどちらが誘った<u>にしても</u>、毎回飲み食いの時間はとても長くて、終電の時間を逃そうものなら、家に帰れなくなる。神戸に帰るタクシーはあるにはあるが、距離が遠く、タクシー代もばかにならない。大体電車の切符代の十五倍はする。だから終電の時間を覚えていれば、落ち着いて楽しめるというわけだ。そしてこれは飲みに行ってもこれ以上は遅くはなれないという時間で、境界線のように夜の外出の最後の一刻を示している。

……

電車は人を乗せ通勤させるものだ。この意義から言うなら、終電は一日の疲労と興奮を回収するためのものだ。

深夜が窓の外を流れ、車内の電灯が格別に明るく感じられる。朝と違うのは、込んではいるけれど、足下の空間にはいくぶん余裕が

あることだろう。深夜の乗客はしっかり立つのが難しく、左右に揺れ動いて、つまづいたりぶつかったりしている。

……

朦朧としながらも不思議と揺れ動き、しゃがんで動けなくなっている目を閉じた女性。押し殺した声でゲームに興じる青年たち。そして向かいの死んだように眠りこける形相……なんと惨めなことか。

日本人の生活は非常に疲れる。まさか彼らは気づいてないわけではあるまい。私は終電の人々に「何で早く帰らないのか」と問いたい。この苦労から逃れられればどれだけ良いことか。

私は考えに考える。知らず知らずのうちに頭は回らなくなり、何も考えられなくなった。私はただわかっていた、自分の乗っているのは終電だと。しかしもうぼんやりしてきた。

ようやく目が覚めたときには、私の乗った終電はほかのすべての乗客を降ろし、車庫に入ろうとしているのだった。

🚃 **译文**

我到大阪上班的第一天，最先记住的就是末班电车的时间。从大阪到神户的最后一趟快速电车是夜里 12 点 25 分，准确地说，应该是第二天凌晨 0 点 25 分整。

客居日本久了，和日本人交往越来越多，经常会有朋友叫我一起

吃饭喝酒。有时我也叫他们下馆子，这多半属于礼仪和应酬，比人家招呼我的次数要少得多。但不管谁叫谁，每次吃喝的时间都很长，如果错过末班电车，那就只好夜不归宿了。回神户的出租车有是有，但距离远，价格昂贵，大约顶电车票钱的 15 倍。所以，记住末班电车的时间，心里踏实。它是晚上下馆子再晚也不能晚过的时间，像一条界线，标出了我夜晚外出的最后一刻。

电车是载人上下班用的，从这层意思讲，末班车倒像是为了回收人们一天的疲劳和兴奋。

黑夜在车窗外流逝，车内的灯光显得格外晃眼。和早上不同的是，虽然拥挤，但脚下的空地似乎宽阔些。深夜里人不容易站稳，摆动率高，跌跌碰碰。

朦胧中似乎看到摇晃着瘫在地下闭上眼的姑娘，玩游戏压低嗓门叫好的青年人，还有对面像死了一样的睡相……好凄凉的景象！

日本人活得真累，难道他们没发觉吗？我想问问末班车上的人："你们为什么不早点回家？免遭这份罪该多好呀！"

我想着想着，不知不觉地脑子好像停转了，什么也想不了了。我只知道自己乘坐的是末班车，却已迷迷糊糊。

等我好不容易醒来时，发现其他所有的乘客都已下车，末班车已经停进了车库。

阅读小辞典之重点文法

❶ にしても

解说 "即使……""无论……"。表示让步。

例句 冗談にしても許せない。（即使是玩笑也不可原谅。）

❷ ことか

解说 "非常……""多么……啊"。

例句 自分で野菜を作ってみて、おいしい野菜を育てることがどんなに大変なことかわかりました。（自己试着种了蔬菜才明白，要种出好吃的蔬菜是多么不容易的事情。）

❸ （という）わけだ

解说 "当然……""难怪……""应该……"。表示根据某既定事实得出理所当然的结论。

例句 30ページの宿題だから、1日に3ページずつやれば10日で終わるわけです。（作业有30页，1天做3页的话，10天应该可以完成。）

❹ ～う（よう）としている

解说 动词意志形＋としている。表示"马上就要……了"。

例句 夕日が海に沈もうとしていた。人々は船の甲板から眺めていた。（夕阳渐渐消失在海平面。人们在甲板上眺望着。）

阅读赏析及写作点拨

　　原文选自《最終電車》，在这一选段中，作者透过"末班车"，向读者展示了日本大都市生活的另一侧面。

　　下班后聚餐，是日本人重要的社交手段。公司的同僚、刚结识的朋友，呼朋唤友涌向居酒屋，有时会在一家店喝上几个小时，有时又会一晚上辗转于几家酒馆，但无论你喝得多尽兴，若是错过了末班车，则大事不妙，意味着你或许要露宿街头，因为日本的出租车价格实在昂贵。作者在文章中写到"どちらが誘ったにしても、毎回飲み食いの時間はとても長くて、終電の時間を逃そうものなら、家に帰れなくなる"（不管谁叫谁，每次吃喝的时间都很长，如果错过末班电车，那就只好夜不归宿了），我们在表达"无论什么情况，都……"时，就可以用"～にしても"这一句型，表示让步。

　　挤上了末班车，人们终于可以舒缓一天的紧张和疲累，彻底放松下来。有人累瘫在地上，有人睡死过去，作者内心不禁感慨："这是多么凄凉的景象啊！日本人活得真累！""なんと惨めなことか"中的"ことか"放在句尾，表达感叹和惊叹的心情，和副词"なんと"呼应使用，译为"多么……啊"。

阶梯式写作训练

Step1　＜基础练习＞

从方框中选择正确的表达填在下画线上。

> ことか　　にしても　　わけだ　　ようとしている

①いくら忙しかった＿＿＿＿＿＿、電話をかける時間くらいはあったと
　思う。

②初めての孫が生まれたとき、母がどんなに喜んだ＿＿＿＿＿＿。

③このスケジュール表を見ると、東京に帰ってくるのは水曜日の午
　前中の＿＿＿＿＿＿。

④（閉会式で）15日の間、各国の選手たちが熱戦を繰り広げたオリ
　ンピック大会も今（終わる）＿＿＿＿＿＿。

Step2　＜扩展练习＞

1.根据提示内容，使用规定文法，在＿＿＿＿处补足缺少部分，使句子
　完整。

①（即使很忙）＿＿＿＿＿＿＿＿＿＿＿＿＿＿電話くらいは入れてくだ
　さい。

②（不管在哪里生活）＿＿＿＿＿＿＿＿＿＿＿＿故郷を忘れるな。

③あの人と一緒になれば、＿＿＿＿＿＿＿＿＿＿＿＿＿＿＿（该有多
　好啊）。

④長い間、どんなに＿＿＿＿＿＿＿（多想见面啊）。

⑤彼女は日本に 10 年もいたから、＿＿＿＿＿＿＿＿＿＿（难怪日语
这么好）。

⑥＿＿＿＿＿＿＿＿＿＿（正要开始上课的时候）、私の携帯に母
から「父が倒れた」という電話がかかってきた。

2.请将下列句子翻译成日语。

①即使是 3 天的旅行，也需要准备一下。

＿＿＿＿＿＿＿＿＿＿＿＿＿＿＿＿＿＿＿＿＿＿＿＿＿＿＿＿＿＿

②学生时代能拿到奖学金，是多大的帮助啊。

＿＿＿＿＿＿＿＿＿＿＿＿＿＿＿＿＿＿＿＿＿＿＿＿＿＿＿＿＿＿

③一有东西就吃，难怪这么胖。

＿＿＿＿＿＿＿＿＿＿＿＿＿＿＿＿＿＿＿＿＿＿＿＿＿＿＿＿＿＿

④花 3 年时间写的小说马上就要完成了。

＿＿＿＿＿＿＿＿＿＿＿＿＿＿＿＿＿＿＿＿＿＿＿＿＿＿＿＿＿＿

Step3 ＜作文练习＞

你通常乘坐什么交通工具上学呢？为了避免上学迟到，有什么是
你必须要做到的呢？请以此为主题，写一篇作文。

写作要点：

①简单介绍你上学的出行方式及其原因。

②描述一件为避免迟到你一定要做或者需要注意的事情，并陈述

理由。

写作要求：

①字数为 300 ～ 350 字。

②格式正确，书写清楚。

③高考日语考生请用「です」「ます」体；其他学习者可使用简体。

（20×20）

第6课
不可思议的蔬菜店

原文选自《地下八百屋》，作者通过观察一家藏身于写字楼地下的蔬菜店，了解到蔬菜店和周边小餐馆的共生关系，从而引发了对日本人善于团队行动的思考。

美文阅读

　私のオフィスは大阪駅のすぐ近く、歩いて五分もあればこと足りる。毎日神戸から電車に乗って出勤しているが、朝夕のラッシュアワーの中ではいつも人波を漂流しているような感覚を覚える。

　オフィスは駅前第一ビルの地上十二階にある。このビルは地下は六階までであり、1970年に建てられた。見上げると、ビルは古さが目立ち、各階の曲がり角の天井板はもう塗装がはげ落ちている。しかしビル全体はきれいに手入れされており、少なくとも床に壁が崩れた土埃が落ちているのを見たことがない。もちろん、誰かが床にところ構わず痰を吐いているのも見たことはない。

　ビルの地下二階はほとんどが小さなレストランになっていて、毎日正午にここで働くサラリーマンが出入りし、なかなか賑わっている。私もその中の一人だ。エレベーターでまっすぐ地下二階まで降りる。ドアが開くと、いつも生野菜のにおいが鼻をつく。特に長ネギ、ショウガ、ニンニクといったにおいの強いものは、時にとても鼻を刺激する。

　最初は気に留めていなかったが、これが長く続いてくると、心の中で悪態をつかずにいられなくなってきた。

　野菜売りが街角に露天を出さず、町に小売店も開かないで、なん

でわざわざ地下に身を隠しているんだろう？まったくネズミじゃあ

るまいし。

　私は子細に観察をするようになった。すると、その八百屋は固定

客をもっており、同じように地下にある飲食店に専門に売ってい

るのを発見した。飲食店をやっている人はたいていが家族経営で、

若夫婦でやっていたり、おじいさんやおばあさんだったりする。彼

らは毎日ネギやショウガ、ニンニクを切る仕事をこの八百屋さんに

やってもらい、注文するときは缶単位で、目方は量らず、当然一把

一束とは量りようがない。

　この八百屋とビルの地下のレストランは事実上の「共同体」で、

彼らは一種の協力関係にある。レストラン群が一軒の八百屋（正

確に言うならば「野菜切り屋」）を出現させ、時間を食う野菜切り

の仕事をすべて一括して任せ、この「共同体」の全体効率を上げて

いる。特に正午になると、ほとんどどのレストランにも食事を待

つ行列ができる。もしそれぞれの店が時間をかけて野菜を切ってい

たら、定刻までに昼食を取る人に追いつかないだろうし、並んだ

客をむざむざ逃がすのと同じことになる。

　日本人はこの種のチームプレーを得意とするが、とくにここの飲

食店と八百屋の関係を見ていると、彼らは同じ環境に位置し、地

域意識を持ち、それは非常に強烈である。ここでは団体の中で自

<ruby>我<rt>が</rt></ruby><ruby>意<rt>い</rt></ruby><ruby>識<rt>しき</rt></ruby>は<ruby>往々<rt>おうおう</rt></ruby>にして「<ruby>八百屋<rt>や お や</rt></ruby>」を<ruby>通<rt>とお</rt></ruby>してこの<ruby>種<rt>しゅ</rt></ruby>の<ruby>日常的集合形態<rt>にちじょうてきしゅうごうけいたい</rt></ruby>に<ruby>表<rt>あらわ</rt></ruby>れる。

📖 译文

　　我的办公室离大阪车站很近，走路 5 分钟就够了。每天从神户坐电车上班，一早一晚的高峰时间总让我产生一种在人群中的漂流感。

　　办公室在站前第一大楼的地上 12 层，这座大楼地下还有 6 层，建于 1970 年。大楼看上去显得陈旧，楼层拐角的天花板上已经有墙皮脱落，但整个楼内是干净的，至少我从来没有看见地上有掉落的墙灰。当然，也不见有人随地吐痰。

　　大楼地下二层几乎都是小餐馆，每天中午在楼内工作的白领职员进进出出，十分热闹。我也是他们当中的一员，乘电梯直达地下二层，门一打开，老有一股生蔬菜味儿扑鼻，尤其是大葱、生姜、蒜头之类味儿大的东西，有时非常呛人。

　　起先我没有在意，后来日子长了，我心里嘀咕：卖菜的人不摆摊到地面，或者把门市铺开在街上，为什么偏偏躲进地下来？又不是老鼠！

　　为此，我仔细观察过。原来这家蔬菜店拥有固定的顾客，会把蔬菜专门卖给同样在大楼地下营业的小餐馆。经营小餐馆的人往往是家族式的，要么是夫妻店，要么是老头老太太。他们把每天切葱姜蒜的活儿交给这家蔬菜店做，订货时按多少罐儿算，不计斤两，当然也没

法按一把一束来算。

这家蔬菜店和大楼地下的小餐馆实际上是"一伙儿"的，他们是一种团队关系。小餐馆群里出现一个蔬菜店（准确地说应该叫它"切菜店"），它把费时切菜的活儿全包了，使这个"大伙儿"的整体效率提高了。尤其一到中午，几乎每个小餐馆外面都有人排队。如果每个餐馆都因为花时间切菜而来不及招呼用餐的人的话，不就等于白白放跑了排队的客人吗？

日本人善于举办这种团队型的活动，尤其看到这儿的小餐馆和蔬菜店的关系，知道他们处于同样的环境，拥有地域感，而且非常强烈。在这里，团队中的自我意识往往通过"蔬菜店"这种日常的集合形态表达出来。

阅读小辞典之重点文法

1 じゃあるまいし

解说 "又不是……，（所以没必要）……"。「じゃあるまいし」是「ではあるまいし」的口语形式。

例句 君じゃあるまいし、二日酔いするほど飲まないよ。

（我又不是你，不会喝到宿醉的。）

2 ようがない

解说 "没办法……"。

例句 推薦状を書いてくれと言われても、あの人のことをよく知らな

　　　いのだから、書きようがない。（虽说让我写推荐信，但因为我

　　　不了解那个人，所以没办法写。）

❸ ずにはいられない

解说 表示迫切的心情，"不得不……""不能不……"。

例句 書類のミスがあまり多かったので、担当者に文句を言わずには

　　　いられなかった。（由于文件上错误太多，所以不得不对负责人

　　　抱怨几句。）

阅读赏析及写作点拨

　　原文选自《地下八百屋》，作者通过观察一家藏身于写字楼地下
的蔬菜店，了解到蔬菜店和周边小餐馆的共生关系，从而引发了对日
本人善于团队行动的思考。

　　散发着呛人味道的蔬菜店，和干净的写字楼显得格格不入，作者
不由地嘀咕："ネズミじゃあるまいし（又不是老鼠）。"此处的"じゃ
あるまいし"是一个表示原因和理由的句型，意为"又不是……（所
以没必要）……"，因此原文意为"又不是老鼠，没有必要躲到地下来"。

　　对于蔬菜店不开在露天的街上，而是开在干净的办公楼里一事，
作者不仅不解，而且还带有一些不满的情绪，于是原文中写下了"心
の中で悪態をつかずにいられなくなってきた"（直译为"心中不禁
大骂"）。当要表达"不……就不行"时，可用此句型中的"ずにい
られなくなる"。

阶梯式写作训练

Step1 ＜基础练习＞

从方框中选择正确的表达填在下画线上。

ようがない　じゃあるまいし　ずにはいられない

①神様_____、10 年後のことなんか私にわかりませんよ。

②この時計はもう部品がないから、直し_____。

③（本の広告から）おもしろい！読み始めたら、最後まで（読む）

_____。

Step2 ＜扩展练习＞

1. 根据提示内容，使用规定文法，在_____处补足缺少部分，使句子
   完整。

①_____（又不是小孩子了）、自分のことは自分で

しなさい。

②木村さんは今どこにいるのかわからないので、_____

____（无法联系）。

③お世話になった先生が突然入院されたと聞いて、_____

_____（我很担心，忍不住要去医院看他）。

2. 请将下列句子翻译成日语。

①又不是小孩子，所以讲话时应该更冷静一些。

_____

②因为不知道那个人的电话，所以没办法联络。

_____

③肚子太痛了，忍不住叫出了声。

_____

Step3 ＜作文练习＞

你去过的商店里，有哪一家给你留下了特别的印象呢？请以此为主题，写一篇作文。

写作要点：

①简单介绍这家商店的信息。

②通过具体事例，谈谈这家商店给你留下特别印象的原因。

写作要求：

①字数为 300 ～ 350 字。

②格式正确，书写清楚。

③高考日语考生请用「です」「ます」体；其他学习者可使用简体。

（20×20）

第7课
卖天岛上的金枪鱼

原文选自《天壳島とマグロの目》，作者去了一个位于北海道的叫作"卖天岛"的小岛。在此选段中，作者介绍了日本人是如何发现"金枪鱼"这一美味的。

美文阅读

「天売島」のことを中国語では「卖天岛」と言う。むろん、北海道の地名の多くはアイヌ語に由来すると言われるから、「天売島」にもアイヌ語からくる特別な意味があるかもしれないが、ここではそのことは措いて、漢字の字面の遊戯として話をすすめよう。

島に上がる前に、まずこの島の名前に大きな興味を抱いた。天下の商売人はおそらく売り買いできると考えているようだが、しかし天を売ろうとする者がいようとは考えてもみなかった。

北海道へ行った時はちょうど夏から秋へ移る頃、舞鶴①港から小樽②までフェリーに乗り、車で札幌まで行って、さらに羽幌港まで運転し、そこから快速艇に乗り一時間余りで天売島へ着いた。

この島の周囲は日本海で、地元の人は魚の宝庫と呼んでいる。それは、ここの島民がみなマグロ漁をもって生業としているからである。日本人は、マグロといえば刺身を思い浮かべるが、実はマグロを生で食べるのは第二次大戦の敗戦のころに広まったことだという。その当時、日本は廃墟となり、人々は最低限の衣食のために駆け回り、市にはいつもアルバイトをする貧しい学生が見られた。ある日、二人の学生が大八車を押していた。中にはさっき漁船から下ろしたばかりのマグロの切れ端がいっぱいに積まれていた。二人は

くるま お   はな
車を押しながら話した。

「この魚、脂がのって肥えてるし、栄養も多いだろうね。」
   さかな あぶら   こ   えいよう おお

「一切れ切って食べてみようか。」
 ひときき   た

食べてみると、意外にも彼らはこの魚がとても口当たりが良く、
 た   いがい   かれ   さかな   くちあ   よ

美味しいのを発見した。この評判は伝わり、後に、日本料理の高
おい   はっけん   ひょうばん つた   あと   にほんりょうり   こう

級素材にまでなり、価格もすでに当時の何倍にもなった。
きゅうそざい   かかく   とうじ なんばい

注 ①舞鶴：京都府北部、舞鶴湾に臨む市。

注 ②小樽：北海道石狩湾に面する市。

📖 译文

　　"天売岛"是北海道的一个小岛，在中文里叫作"卖天岛"。不用说，北海道许多地名都来源于阿伊奴族的语言，"天売岛"一词可能也含有阿伊奴语特有的意义。在此，且不管其含义如何，就按字面意义来讲述吧。

　　上岛之前，我先对这个岛名产生了极大的兴趣。天下的生意人恐怕都有一个根深蒂固的想法，什么东西都可以买卖，但没有想到有人竟敢来卖天！

　　我去北海道的时候正值夏末秋初，从舞鹤港坐轮渡到小樽，开车过札幌，再驶往羽幌港，乘快船一个多小时，上了卖天岛。

　　这个岛的周围是日本海，当地人叫它"鱼明珠"，因为这里的岛

民都以捕捞金枪鱼为生。日本人提起金枪鱼，就会想起生鱼片，但是据说生吃金枪鱼还是从第二次世界大战日本战败的时候开始的。当时日本成了废墟荒土，人们为了最基本的温饱而奔波，在鱼摊贩儿的集市上经常有穷学生打短工。一天，两个学生推着一辆木轮车，里面装满了刚从渔船上倒下来的金枪鱼的边角碎料，两人推着车说："这鱼看上去挺肥实，油水一定不少。""切一块尝个鲜吧。"他们尝后意外地发现这种鱼非常可口美味。这个评价很快传开了，后来金枪鱼成为日本料理的佳品，可它的价钱已是当时的好几倍了。

阅读小辞典之重点文法

1 をもって

解说 表示手段、方式、状态等，"以……""凭借……""带着……"。

例句 これは彼女の実力をもってしても解決できなかった問題だ。

（这是一个以她的能力都没法解决的问题。）

2 たばかり

解说 表示刚刚做完某个动作，"刚……"。

例句 出張から帰ってきたばかりで、とても疲れている。

（刚刚出差回来，非常疲倦。）

3 てみる

解说 "尝试……看"。

例句 似合うかどうかわからないので、履いてみます。

（不知道是否合适，我试一下。）

阅读赏析及写作点拨

　　原文选自《天壳島とマグロの目》，作者去了一个位于北海道的叫作"卖天岛"的小岛。在此选段中，作者介绍了日本人是如何发现"金枪鱼"这一美味的。

　　日本料理中的生鱼片远近闻名，金枪鱼生鱼片尤为美味。作者提及卖天岛的岛民以捕捞金枪鱼为生，并描述了日本人是如何发现金枪鱼生鱼片更好吃的。日语中表达"以……为生"，可以用到"～をもって"这一句型，比如本文中写到了"ここの島民が皆マグロ漁をもって生業としている"（这里的岛民都以捕鱼为生）。

　　两个穷学生，在集市上打工时试吃了刚刚从渔船上卸下来的金枪鱼边角料。在表达"刚……"时，可用"～たばかり"，比如原文中两个学生吃了"漁船から下ろしたばかりのマグロ"（刚刚才从船上卸下的金枪鱼），而后发现鱼肉肥美，便广而告之。"试吃，吃吃看"的日语表达是"食べてみる"，在表达"试着做某事"时，可用"てみる"。

阶梯式写作训练

Step1 ＜基础练习＞

从方框中选择正确的表达填在下画线上。

てみる　　　　たばかり　　　　をもって

①試験の結果は、1週間後に書面＿＿＿＿お知らせします。

②うちには生まれ＿＿＿＿の子犬が3匹います。

③（デパートで）

　　客：ちょっとこのスカートをはい＿＿＿＿もいいですか。

　店員：はい、こちらでどうぞ。

Step2 ＜扩展练习＞

1. 根据提示内容，使用规定文法，在＿＿＿＿处补足缺少部分，使句子完整。

①＿＿＿＿＿＿＿＿＿＿（凭他的能力的话）、今度の試験に合格するのは問題ないだろう。

②＿＿＿＿＿＿＿＿＿＿（刚吃过午饭）、今は何も食べられない。

③A：休みの日に北海道へ行きませんか。

　B：北海道ですか。いいですね、＿＿＿＿＿＿＿＿＿＿（一定要去看看）。

2. 请将下列句子翻译成日语。

①满怀信心地去奋斗吧。

_____

②刚来日本的时候，（我）完全不懂日语。

_____

③我试用了这支新的圆珠笔。非常好写。

_____

Step3 ＜作文练习＞

随着经济和社会的发展，我们的家乡方方面面都发生了变化，比如生活方式、生存环境等，请以《故郷の変化について》为题写一篇作文。

写作要点：

①简单介绍你的家乡。

②通过具体事例，谈谈家乡的变化。

③阐述你对于家乡变化的看法。

写作要求：

①字数为 300～350 字。

②格式正确，书写清楚。

③高考日语考生请用「です」「ます」体；其他学习者可使用简体。

（20 × 20）

第8课
和丸山先生的相识

原文选自《蝉の舞》，作者通过写蝉，表达了对日本著名语言哲学家丸山圭三郎先生的怀念。本选段介绍了作者和丸山先生相识的契机。

美文阅读

1988年夏、私は東京へ丸山圭三郎先生を訪ねた。

当時、私は三重大学で学んでおり、東京からは少なくとも四百キロは離れていた。知った人もなく、土地もよくわからず、また日本に来たばかりだったので、それまで東京へ出かけたことはなかった。

丸山先生を訪ねようと決心したのには訳がある。北京で哲学を探究していた頃、記号論について研究しており、『読書』へ文章を書くために調べものをしているときに丸山先生の著作に出会ったことだ。先生はもともとフランス文学を学び、後に言語哲学の研究に没頭された方だが、記号論について提起した視点はきわめて独特のもので、非常に興味をおぼえた。しかし、三重大学で私の受けていた講義は記号論とあまり接点がなかった。そこで、東京の中央大学へ手紙を書き、封筒には直接「丸山圭三郎教授殿」と書いた。内容は先生の思想へのちょっとした見方などを記した拙文だった。ほどなく、先生は返事をくださり、機会があれば東京にてじかに話がしたい、と書いてあった。

これ以外にも、もう一つ理由はある。それは楊昭君の強い勧めである。彼は北京大学時代の同級生で、私よりも先に日本に来て、東京に落ち着き、彼曰く、東京については北京よりも詳しいぐら

いだ、と。実のところ、私は日本に来る前、哲学研究に打ち込んでおり、出国して造詣を深めようという考えは持っておらず、退却の太鼓を鳴らして、一度は東京へ来る機会を断った、という経緯がある。それ以来、楊君は日本から絶えず手紙を寄こし、終始一貫私を煽り、私のような人間が世の中に出て人の「天地」を見てみるのは絶対にプラスに<u>こそなれ</u>、マイナスにはならない、と説いた。彼の説得は私に影響を及ぼし、とうとう私は日本へやってきたというわけだ。

　その彼が、東京に来るなら番地<u>さえ</u>わかっていればどんな場所でも問題なく案内してやる、と言う。そこで、丸山先生に連絡を取り、楊君へ時間を伝え、東京駅で待ち合わせて一緒に行くようにだんどりをつけ、やっと丸山先生のお宅を<u>訪れる</u><u>ことになった</u>。

　先生のお宅は世田谷区にあり、環境はとても閑静で、都市の喧噪もここまで聞こえない。炎熱の夏は活動するのもおっくうなのか、通りには人影が少ない。楊君は素早くかつ正確に道を見分け、私たちは回り道することなく、番地に<u>従って</u>先生のお宅を見つけた。

译文

1988年夏天，我曾经去东京拜访过丸山圭三郎先生。

当时我在三重大学念书，离东京至少有400多公里。人生地不熟，

又是初来乍到，所以我一直没有着急去东京逛。

我决定去拜访丸山先生是有一个缘由的。在北京钻研哲学的时候，我对符号学认真地研究过，为《读书》写文章时，查阅到了丸山先生的著作。先生原先是学法国文学的，后来埋头于语言哲学的研究，对符号学提出的看法很独特，引起了我浓厚的兴趣。可是在三重大学听的课和符号学并没有什么关联。于是，我就写信寄到东京的中央大学，直接写上"丸山圭三郎教授台鉴"，向他介绍了拙文对他思想的一点看法。不久他回信给我，说有机会的话很愿意在东京和我当面聊聊。

除此以外，还有一个原因，就是杨昭仁兄的鼓动。他是我北京大学的老同学，比我先来日本，而且落脚在东京，据说对那儿的地盘比对北京城还熟。其实我来日本以前，对于哲学研究已经非常投入，对出国深造曾经一度打退堂鼓，拒绝了一次到东京的机会。后来杨兄从日本不断写信来，一个劲儿鼓动我，说像我这号人出来看一看人家的天地绝对是利多弊少。他的说服对我起了作用，让我最终来到了日本。

他告诉我，只要我来东京，知道门牌号的话，不管在什么地方，他都可以给我带路。于是我和丸山先生联系好，又告知了杨兄时间，并约定在东京车站碰头一起去，这样我才得以拜访丸山先生。

丸山先生的家住在世田谷区，环境十分幽静，听不见都市的晚音。炎热的夏天可能叫人懒得活动，街上人不多。杨兄认路快而准，我们没有绕道，按门牌号码找到了丸山先生的家。

阅读小辞典之重点文法

❶ について

解说 "关于……"。

例句 タイの観光地について調べています。（正在调查泰国的观光地。）

❷ ず

解说 "不……没……"。表示否定，主要用于书面语，相当于「～なくて」或「～ないで」。

例句 何も食べずに寝た。（什么都没吃就睡了。）

❸ こそなれ

解说 古语。"只会是……，不会……""只能是……，不会……"，强烈表示事实是前项而不是后项。

例句 彼の話は有益にこそなれ、損にはならないだろう。

（他的话是有益的，不会是有害的。）

❹ さえ

解说 "甚至……""连……都……"。表示举出一个极端的例子，从而类推其他事物。

例句 名前さえ書けない。（连名字都不会写。）

❺ に従って

解说 "按照……""根据……""随着……"。

例句 スタッフの案内に従って、入場していただきますようお願いいたします。（请按照工作人员的指示入场。）

6 ことになる

解说 "决定……"，表示团体的决定。多为公司、学校等的决定。

例句 来月から授業は 8 時から始まることになりました。

（从下个月起，8 点开始上课。）

阅读赏析及写作点拨

　　原文选自《蝉の舞》，作者通过写蝉，表达了对日本著名语言哲学家丸山圭三郎先生的怀念。本选段介绍了作者和丸山先生相识的契机。

　　作者对丸山先生产生兴趣，是源于丸山先生关于符号学的研究。在表达"关于……"时，可用"～について"，比如原文中的"記号論について提起した視点"（关于符号论提出的看法）。作者在赴日之前，就投身于哲学研究中，并未有过出国深造的想法。"出国して造詣を深めようという考えはもっておらず"，这里的"ず"表示否定，相当于"ないで"，主要用于书面表达。后经好友的游说，作者最终来到了日本。

　　好友是"东京通"，"東京に来るなら番地さえわかっていればどんな場所でも問題なく案内してやる"（只要我来东京，知道门牌号的话，不管在什么地方，他都可以给我带路）。这里的"门牌号"是一个较为极端的例子，也可以类推其他地址相关信息。这种情况下就可以使用"さえ"，表示"只要""甚至"等。最后，好友果然不

负所托，"番地に従って先生のお宅を見つけた"（按门牌号找到了先生的家）。在表达"按照……""根据……"时，可用"～に従って"。

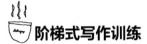

Step1 ＜基础练习＞

从方框中选择正确的表达填在下画线上。

> に従って　ず　について　さえ　ことになる

① （テレビの討論会番組で）今夜は国の教育制度_____考えてみましょう。

②辞書を使わ_____、日本語の新聞を読むことができますか。

③この本は小学生で_____読めるのだから、高校生のあなたは簡単に読めるでしょう。

④作業の手順はマニュアル_____行わなければならない。

⑤町の料理教室には中学生以上の人も参加できる_____。

Step2 ＜扩展练习＞

1. 根据提示内容，使用规定文法，在_____处补足缺少部分，使句子完整。

①_____（我想在大学研究中国文学史）と思っています。

②＿＿＿＿＿＿＿＿＿＿（小李不去补习班）、自分で勉強してみる

と言っています。

③ジムは日本に長くいるので会話は上手だが、＿＿＿＿＿＿＿＿＿

＿＿＿（但别说写文章了，连平假名都不会读）。

④＿＿＿＿＿＿＿＿＿＿＿（根据会议做出的决定）、来月から新製

品の生産を開始することになった。

⑤（因为要在入社典礼上演讲）＿＿＿＿＿＿＿＿＿＿＿、何を話そ

うかと考えています。

2. 请将下列句子翻译成日语。

①调查关于这座城市的历史。

＿＿＿＿＿＿＿＿＿＿＿＿＿＿＿＿＿＿＿＿＿＿＿＿＿＿＿＿＿＿

②没有贴邮票就把信投进邮箱了。

＿＿＿＿＿＿＿＿＿＿＿＿＿＿＿＿＿＿＿＿＿＿＿＿＿＿＿＿＿＿

③就连日本人也会用错敬语。

＿＿＿＿＿＿＿＿＿＿＿＿＿＿＿＿＿＿＿＿＿＿＿＿＿＿＿＿＿＿

④发生火灾时，请按照乘务员的指令冷静地采取行动。

＿＿＿＿＿＿＿＿＿＿＿＿＿＿＿＿＿＿＿＿＿＿＿＿＿＿＿＿＿＿

⑤今年学校决定不开运动会了。

＿＿＿＿＿＿＿＿＿＿＿＿＿＿＿＿＿＿＿＿＿＿＿＿＿＿＿＿＿＿

Step3 ＜作文练习＞

迄今为止，你的生命中是否出现过让你难以忘怀的人呢？请以《忘れられない人》为题写一篇作文。

写作要点：

①简单介绍这个人。

②通过具体事例，谈谈这个人让你难以忘怀的原因。

写作要求：

①字数为 300 ～ 350 字。

②格式正确，书写清楚。

③高考日语考生请用「です」「ます」体；其他学习者可使用简体。

（20×20）

第 9 课
夏日蝉鸣

原文选自《蝉の舞》，在本文中，作者详细描述了初次和丸山先生见面的场景，丸山先生对蝉的观察和活灵活现的模仿，给作者留下了深刻的印象。

美文阅读

　先生は 私 たちを見てとても 喜 ばれ、暑いので、早く中に入るように言ってくださった。お宅の低い門をくぐると細い石の路があり、一歩踏み出す**と**、地面の熱気を感じた。この時、 私 は蝉の声が絶えないのに**気が付いた**。よく聞くと、鳴き声はまるで空 中 に半分浮いているようだった。とりたてて 驚 いたり不思議に思ったりする**ほど**のことでは**ない**。しかし東 京 の賑やかな市街を通った後にこの庭に入ると、ここの静けさが 逆 に蝉の声の賑やかさを際だたせる。

　「ジジ、ジジ、ジジジジ……」

　思わず歩みを止め、中庭の周りの 緑 樹を見て、丸山先生にうかがう。

　「蝉の声がどうしてこんなに多いのでしょうか?」

　「この辺一帯にある木が、糖分を多く含んでいるらしい。でもいまだにその木が何という木なのか知らないんですよ。蝉は甘いものが好きだから夏になる**と**、とてもたくさん来ますよ。暑くなれ**ば**なる**ほど**、たくさん来ます。」

　丸山先生はそう説明し**ながら**、手を挙げて周りを指された。確かに、一本一本の 緑 樹が、大きさは違うが、小さな路の 両 側に不規則に育っていて、枝には小さくて可愛らしい白い花をつけ、濃い木陰を

つくり、涼しくて気持ちよさ<u>そうだ</u>。

私はまた聞く。

「気温が高いと、蝉の声もこんなに大きい。ということは気温が低いと、蝉の声も小さくなりますか?」

「蝉の声が大きいか小さいかは、一匹の蝉を見るだけではだめで、蝉の数を見る必要があるんだよ。今のようにこんなに暑いと、木の上の蝉は多くなり、よって声も多くなり、蝉の鳴き声は自然に大きくなる。」

先生は言い終わると、私たちを客間へと招き入れた。座るとすぐに、先生は「蝉の鳴き声は中国語で何と言いますか?」と尋ねられた。

「知了。」

私は答えた。横に座った楊君が「知了」の二文字を書いて、その上に拼音で発音を書き添え、丸山先生に「簡単に説明する<u>と</u>、中国語のセミは知るという意味を持っています」と告げた。それを聞いて先生は大笑いし、それからすばらしいとうなり、日本語の擬声語は音を表すだけで、第二の意味を含まない、中国語の表現力にはかなわないと言った。こうして私たちは雑談した。蝉の鳴き声をまねたときの先生の表情はとても無邪気で、その天真さは一目でこの教授の童心を見て取れるものだった。先生は両手で口元を

覆い、頭を軽く上へ仰ぎ、目を細めて窓の外の緑樹へひとしきり「チジチジ、チジチジ……」という発音を送った。一度発音するごとに、頭を後ろへ動かし、蝉を驚かすのをひどく怖がり、それからまた一度発音し、頭をまた前へ出す。まるで蝉に近づこうとするようで、視線を集中させる。先生は独り言のように、また私たちへ言うように「蝉の声のない夏なんて想像できないな」と言われた。

译文

丸山先生见了我们很高兴，说："天这么热，快请屋里坐。"进了他家的矮院门，有一条很窄的石子路，脚一踏在上面，就觉出地面的热气。这时我才发觉有蝉声不绝，仔细听，它们的叫声好像半浮在空中……其实蝉鸣并不值得大惊小怪，但穿过东京的闹市，步入丸山先生家的庭院后，这里的幽静反倒衬托出了蝉鸣的热闹。

"唧唧、唧唧、唧唧唧唧……"

我不由得停下步子，看了看院子周围的绿树，问丸山先生："蝉声怎么会这么多？"

"这一带有一种树，好像含糖量很高。我到现在也不知道这树名叫什么。蝉喜欢甜，所以一到夏天，很多蝉会来。天越热，来得越多。"丸山先生一边解释着，一边抬手指向我们的周围。的确，一棵棵绿树，大小不一，无规则地生长在小路的两侧，枝干上还挂着可爱的小白花，

浓绿的树荫遮掩了一部分路面，让人觉得凉爽。

我又问："气温高了，蝉声就会高。那么气温低了，蝉声也会低吗？"

"蝉声是高还是低，不能看一只蝉，而要看它们的数量。像现在这么热，这树上的蝉多了，它们的声音也多了，蝉声自然会变高。"丸山先生说完，把我们请进客厅。刚坐下来，他问："蝉的叫声用汉语怎么说？"

"就叫'知了'。"我回答他。坐在一旁的杨兄写下"知了"两个字，在字上还标注了汉语拼音，告诉丸山先生，所谓"知了"说白了就是"知道"的意思。他听后大笑，连连叫绝，还说日语的拟声词是单一的，不含有第二层意思，比不上汉语的表现力。这么跟我们闲聊着，他学起蝉叫，那表情真是天真无邪，天真得让你一眼就看出这位教授有一份童心。他双手捂住嘴，头轻微向上仰，眼睛眯缝着朝窗外的绿树送去一连串的声音"喊唧喊唧、喊唧喊唧……"。他每发一次声，头就朝后挪一下，生怕惊动树上的蝉，然后再发一次声，头又向前探出，像要凑近蝉一样，目光专注。丸山先生像是自言自语，又像是对我们说："没有蝉声的夏天是难以想象的。"

阅读小辞典之重点文法

1 と

解说1 "一……就……"，表示必然的恒定条件或习惯。

例句1 仕事から帰って、娘に笑顔で「おかえり。」と言われると
こんなかわいい娘がいる私は本当に幸せだといつも思う。

（当我下班回家，女儿笑着说"欢迎回来"时，我总是觉得拥
有这样可爱的女儿非常幸福。）

解说2 "如果……的话……"，表示假定条件。如果具备了前项的条件，
可能就会产生后项的结果。

例句2 人生の短さを花にたとえると、桜の花だ。

（如果把人生的短暂比作花的话，那就是樱花。）

解说3 "刚一……就……"，表示刚做前项，就发生了后项，后项事
情是自然而然的状态或结果。

例句3 朝、カーテンを開けると、外は一面の銀世界だった。

（早上一拉开窗帘，就看到外面是一片银色的世界。）

解说4 "一……立即……"，表示同一主体相继进行的两项动作。

例句4 兄は学校から帰ると、何も言わないまま自分の部屋に入った。

（哥哥放学回来，什么都没说直接走进了自己的房间。）

❷ ～ほど～ない

解说 "没有……那么……""不如……"。后续否定，表示比较的基准。

例句 今日は昨日ほど風が強くない。（今天的风没有昨天那么大。）

❸ ～ば～ほど

解说 "越……越……"。

例句 この問題について考えれば考えるほど、頭の中が混乱してきた。

（我越想这个问题脑子越混乱。）

❹ ながら

解说 "一边……一边……"。

例句 テレビを見ながら食事する。（一边看电视一边吃饭。）

❺ 动词ます形/い形容词词干/な形容词词干 + そうだ

解说 "好像……""似乎……""眼看就要……"，表示说话人根据自己的所见所闻而做出的判断，不能接视觉上的直接评价。「いい」和「ない」接「～そうだ」时，变为「よさそうだ」和「なさそうだ」。

例句 ポケットから財布が落ちそうだよ。

（钱包眼看就要从口袋里掉出来了。）

阅读赏析及写作点拨

　　原文选自《蝉の舞》，在本文中，作者详细描述了初次和丸山先生见面的场景，丸山先生对蝉的观察和活灵活现的模仿，给作者留下了深刻的印象。

　　夏日的蝉鸣并不值得大惊小怪，但在幽静的庭院中，蝉声的热闹却引起了作者的注意。在表达"并没那么……"时，可用"～ほど～ない"句型，比如原文中的"とりたてて驚いたり不思議に思ったりするほどのことではない"（并不值得大惊小怪）。作者不仅注意到了蝉声不绝于耳，还发现蝉鸣仿佛漂浮在半空中，"よく聞くと、鳴き声はまるで空中に半分浮いているようだった"。此处的"と"，表示假定条件，"如果仔细听，就……"。

丸山先生对此现象做出了解释，这一带的树木含糖量高，蝉都喜欢甜的东西，因此一到夏天，蝉就会大量聚集，天气越热，来得越多。"夏になると、とてもたくさんきますよ"，此处的"と"和前面不同，表示必然的恒定条件，"一……就……"。随后，"暑くなればなるほど、たくさん来ます"，在表示"越……越……"时，通常用"～ば～ほど"这一句型。

阶梯式写作训练

Step1 ＜基础练习＞

从方框中选择正确的表达填在下画线上。

> ながら　　そうだ　　～ば～ほど　　と　　～ほど～ない

①私はおなかがすく_____、いつもラーメンを作って食べます。

②次郎は手紙を読み終わる_____、すぐに返事を書き始めます。

③今日も風が強いです。でも、今日は昨日_____寒く_____です。

④お礼の手紙を出すのは早_____早い_____いい。

⑤私はこれからも医者の仕事をし_____、この子を育てます。

⑥山田先生はいつも難し_____本を読んでいます。

Step2 ＜扩展练习＞

1.根据提示内容，使用规定文法，在_____处补足缺少部分，使句子完整。

①この町は今も人が多いですが、＿＿＿＿＿＿＿＿＿＿（并没有
过去那么热闹）。

②＿＿＿＿＿＿＿＿＿＿＿（山是越往上爬）、気温が低くなる。

③学生時代、＿＿＿＿＿＿＿＿＿＿（我一边打工）、日本語学校
に通っていた。

④（石田看上去很忙）＿＿＿＿＿＿＿＿＿＿＿、手伝いましょう。

2.请将下列句子翻译成日语。

①天气变暖的话，樱花就会开。

_____

②这个节目没有想象中好看。

_____

③那个人的话越听越不明白。

_____

④我一边听录音，一边学日语。

_____

⑤太郎看起来很健康，是一个可爱的孩子。

_____

Step3 ＜作文练习＞

　　在很多人的童年中，蝉鸣、西瓜、棒冰等，组成了夏日的风物诗。
在你的印象中，夏天是什么样的呢？请以《夏の思い出》为题，写一

篇作文。

写作要点：

①简单描述你对夏天的印象和看法。

②通过具体事例，谈谈让你印象深刻的夏天记忆。

写作要求：

①字数为 300 ～ 350 字。

②格式正确，书写清楚。

③高考日语考生请用「です」「ます」体；其他学习者可使用简体。

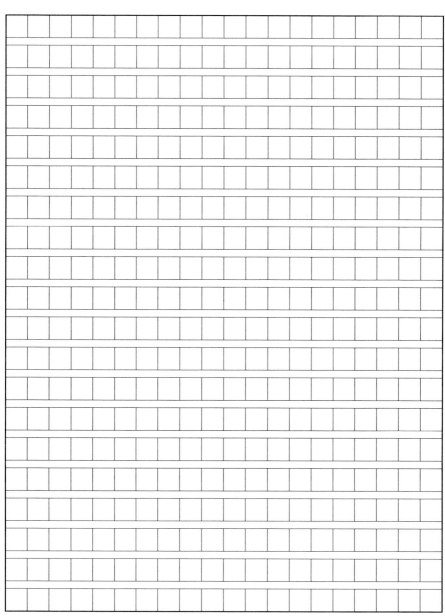

（20×20）

第 10 课
明石飞鸟人

原文选自《明石鸟人》。在神户的明石大桥上，有一群人出没在高耸入云的桥塔之间，云雾没顶，他们在空中时隐时现，身边还有成群的海鸥飞舞，他们叫作"飞鸟人"，本选段中，作者描述了初见"飞鸟人"的震撼。

美文阅读

　　私の家はＪＲ舞子駅からそう遠くなく、車なら十五分あれば着く。神戸に引っ越してきてから、妻とよく駅の海側の喫茶店に出かけた。ここによく通ったのは明石①大橋を見るためで、さらに正確に言うならば、大橋のスチールワイヤーを替えてやぐらを設ける架橋工の姿を見るためだった。彼らの施工現場は、雲を突くようにそびえる二棟の柱塔の間で、時には雲霧がてっぺんを隠し、架橋工は空中に隠れ**たり**現れ**たり**していた。故に架橋工は「バードマン」という愛称を得ているのだ。

　　大橋は明石海峡に跨り、神戸と淡路島②をつなぎ、二年後に開通すれば世界最長の大型吊り橋(1998年に開通)となる。喫茶店はちょうど大橋の北端の沿岸に位置し、窓から外を眺めると、巨大な鋼鉄橋が目に飛び込んできて、まっすぐに対岸を指している。晴れた日には、対岸のクレーンもはっきり見え、景色を一望するには特等席だ。私はこの店で架橋工を「バードマン」と呼ぶと初めて知った。

　　私たちが店内でコーヒーを飲んでいると、安全帽をかぶり緑色の作業服を着た若者が入ってきた。顔には泥が付き、襟のすみにはセメントの跡があり、彼が大橋の工事現場からやって来たのが見て取れた。たぶん休憩時間にコーヒーを飲みに来たのだろう。

　私がこう推測していると、妻が突然外を見るようにと言った。カモメの群れが店の入り口の辺りを低空飛行していた。純白の翼が弧を描き、とても優美だ。もちろん、この時にはカモメと青年がどんな関係なのかまったく想像もつかなかった。

　しかし彼がコーヒーを飲み終わり店を出る時になって、カモメの群れは突然空に舞い上がり、彼の頭のてっぺんに近づいて飛び、彼と一緒になって進んだ。さっきのカモメは彼を待つために喫茶店の前を旋回していたのだ。なんと不思議なことだろう。私と妻は向き合ったまま言葉もなく、長いこと、すっかりこの不思議に驚いてぼんやりしていた。

　コーヒーを飲み終わって、お金を払って出ようかという時、妻がこらえきれずに店員に尋ねた。

　「カモメは人が分かるんですか?」

　「分かりますよ。彼はバードマンです。ワイヤーロープの下のやぐらを組むのに、いつも半分空中で働いていますから」

　店員は親切に教えてくれた。

　「吊り橋は難しい仕事で、柱塔の間のワイヤーロープで連結するのが最適なんです。ワイヤーロープの下にやぐらを据え付けるのは特に難しくて、バードマンが高い場所で作業するのに熟練しているのには、カモメでさえ驚くんです。海の上空には、時には

曇ったり霧が出たりで、バードマンの動きは自然とカモメの好奇心を引きつけます。長くなると、顔見知りになって食べ物をやったり声をかけたりするので、いつも休憩時間になると、カモメも彼らについて飛んで来るんですよ」

店員はこの話をする間ずっとにこにこしており、この笑顔は疑いなく内心の喜悦だった。

ドアを開けて店を出た。私たちは急いでさっきの若者を探した。ほどなく、私たちは彼を見つけた。彼はちょうど大橋の工事現場に着き、ワイヤーロープのやぐらに戻るところだった。群れを成したカモメは喜びの声を上げて舞い飛び、彼から離れず、まるで彼を取り囲んで空に昇ろうとするかのようだった。

今日も、妻と私はこの喫茶店に座り、大橋を眺め、空を舞うカモメを探している。なぜならカモメの足下にはきっと奮闘している明石のバードマンがいるのだから。

注①明石：兵庫県南部の市。

注②淡路島：瀬戸内海東部にある同海最大の島。兵庫県に属する。

译文

我家离 JR 舞子车站不远，开车最多 15 分钟就能到。自从搬到神户以后，我经常和妻子去车站靠海边的咖啡店稍坐片刻。如此有瘾去

这家店其实是为了看明石大桥，确切地说，是为了看那些替大桥的钢绳铺设脚手架的架桥工。因为他们的施工现场是在高耸入云的两座桥塔之间，有时云雾没顶，架桥工在空中时隐时现，故得爱称"飞鸟人"。

大桥横跨明石海峡，连接神户与淡路岛，两年后开通，将成为世界上最长的大型吊桥。咖啡店正好位于大桥北端的沿岸，向窗外望去，巨大的钢铁桥体横空伸出，直指对岸。天晴的时候，对岸的吊车清晰可见，这里是能将所有风景尽收眼底的最好位置。我在这家咖啡店里第一次知道了架桥工被称为"飞鸟人"。

当时我们正在店里喝咖啡，一个头戴安全帽、身穿绿色工作服的青年男子走了进来。他的脸庞沾着泥巴，领角上露出水泥的痕迹，看得出他是从大桥工地来的。大概是趁休息时间来此喝咖啡的吧。

我正这么猜想，妻子忽然叫我往门外看。只见一群海鸥在店门口低空飞行，洁白的羽翼划出一道道弧线，非常优美。当然，这时压根儿没想到这群海鸥会和青年男子有什么关系。

可当他喝完咖啡走出店门的时候，那群海鸥竟然腾空升起，飞临他的头顶，与他同行。原来刚才的海鸥完全是为了等他而在咖啡店门口盘旋的。这太奇妙了！我和妻子相对无言，久久地，简直被这种奇妙惊呆了。

我们喝完了咖啡，起身付钱的时候，妻子实在忍不住，她问店员："海鸥真的会认人吗？""会呀。他是'飞鸟人'，铺设钢绳下的脚手架，

总在半空中作业。"

店员热情地告诉我们："吊桥中难干的活儿莫过于连接桥塔之间的钢绳，在钢绳下安置脚手架尤其困难，但这些'飞鸟人'精通高空作业，连海鸥都吃惊。在大海的上空，时而有云，时而起雾，'飞鸟人'的走动自然会引发海鸥的好奇。日子久了，他们熟了，'飞鸟人'把吃食分给海鸥，还向它们打招呼。每当休息的时候，海鸥在'飞鸟人'的头顶上飞，跟随他们来这里。"

店员讲这番话的时候自始至终都是笑眯眯的，这无疑是一种发自内心的喜悦。

我们开门走出咖啡店，赶忙寻找刚才的年轻人。不多时，我们发现了他。他正走过大桥的工地，就要回到钢绳的脚手架上，成群的海鸥在他身边欢声飞舞，好像簇拥着他正欲升空！

今天，我和妻子又坐在这家咖啡店里，眺望大桥的方向，寻找着空中飞舞的海鸥。因为在海鸥的脚下，一定会有努力工作的明石"飞鸟人"。

阅读小辞典之重点文法

1 たり……たり……

解说 "有时……有时……""又……又……"，列举两个或两个以上的动作，暗示还有其他同类动作。

例句 公園で子どもたちがボール投げをしたり、水遊びをしたりして
います。（孩子们在公园里投着球，玩着水。）

❷ 間

解说 "在……期间，一直……"。表示在某一段时间里某种动作或状态一直在持续着。

例句 山田先生の講演の間、皆熱心に話を聞いていた。

（山田老师在演讲的时候，大家都一直非常认真地听着。）

❸ 動詞辞書形＋ところ

解说 "正要……""正打算……"。

例句 ちょうど出かけるところだ。（正要出门。）

❹ なんと～だろう

解说 なんと＋简体＋だろう，意为"多么……啊"。

例句 なんと美しい景色だろう。（多么美丽的景色啊！）

阅读赏析及写作点拨

原文选自《明石鸟人》。在神户的明石大桥上，有一群人出没在高耸入云的桥塔之间，云雾没顶，他们在空中时隐时现，身边还有成群的海鸥飞舞，他们被叫作"飞鸟人"。本选段中，作者描述了初见"飞鸟人"的震撼。

"飞鸟人"实际上是在桥塔上铺设脚手架的架桥工，他们精通高空作业，在云雾中走动的身姿引起了海鸥的好奇。架桥工有时会给海鸥喂食，有时还会打招呼，日子久了，架桥工的周围就总是簇拥着一群海鸥，

故而得名"飞鸟人"。在本文中，出现了三次"时而……时而……"的
用法，"架橋工は空中に隠れたり現れたりしていた"（架桥工在空中
时隐时现）；"海の上空には、時には雲ったり霧が出たりで、バード
マンの動きは自然とカモメの好奇心を引きつけます"（在大海的上空，
时而有云，时而起雾，"飞鸟人"的走动自然引发海鸥的好奇）；"顔
見知りになって食べ物をやったり声をかけたりする"（熟悉后，有时
喂食，有时打招呼），在日语表达中，若要列举两个或两个以上的动作，
可用"～たり～たり"句型，表达"时而……时而……"。

阶梯式写作训练

Step1 ＜基础练习＞

从方框中选择正确的表达填在下画线上。

ところ	たり…たり…	なんと…だろう	間

①子供のこと、野球を＿＿＿＿、魚を＿＿＿＿して、よく外で遊び
　ました。

②兄がゲームをしている＿＿＿＿、弟はそばで見ています。

③（車の中で）

　Ａ：ホテル、どのへんかなあ。

　Ｂ：ちょっと待って、今地図で調べてる＿＿＿＿だから。

④＿＿＿＿立派な庭＿＿＿＿。

Step2 ＜扩展练习＞

1. 根据提示内容，使用合适的文法，在＿＿＿＿＿＿＿处补足缺少部分，完成句子。

① 日曜日には、＿＿＿＿＿＿＿＿＿＿＿＿＿＿（看看书，看看电视）。

②＿＿＿＿＿＿＿＿＿＿＿＿（在父母去旅行期间）、僕は毎日食事を作りました。

③＿＿＿＿＿＿＿＿＿＿＿（我正准备去吃饭）、一緒にいかがですか。

④＿＿＿＿＿＿＿＿＿＿＿（多么悲惨的场景啊）。子供に見せないほうがいい。

2. 请将下列句子翻译成日语。

① 去年又下大雨，又发生地震，非常难熬。

＿＿＿＿＿＿＿＿＿＿＿＿＿＿＿＿＿＿＿＿＿＿＿＿＿＿＿＿＿

② 暑假期间，我一直待在老家。

＿＿＿＿＿＿＿＿＿＿＿＿＿＿＿＿＿＿＿＿＿＿＿＿＿＿＿＿＿

③ 我正准备烤面包。

＿＿＿＿＿＿＿＿＿＿＿＿＿＿＿＿＿＿＿＿＿＿＿＿＿＿＿＿＿

④ 那个孩子多可怜啊。

＿＿＿＿＿＿＿＿＿＿＿＿＿＿＿＿＿＿＿＿＿＿＿＿＿＿＿＿＿

Step3 ＜作文练习＞

周末休假时，有人会去逛街，有人会去运动，也有人会在家做家

务或是看一部电影,你通常怎么度过你的闲暇时光呢？请以《私のお暇》为题，写一篇作文。

写作要点：

①简单介绍你空闲时会做什么事。

②通过具体事例，谈谈你喜欢的休假方式，并陈述原因。

写作要求：

①字数为 300 ～ 350 字。

②格式正确，书写清楚。

③高考日语考生请用「です」「ます」体；其他学习者可使用简体。

（20×20）

第11课
花　讯

原文选自《開花予報》，每到樱花季，日本全国上下都会关注樱花的开花时间。一直以来，人们都会听信经验丰富的老园艺工预测花期，但是近年来，园艺工却被电脑数据代替，花讯变得精准，却有些冰冷……作者的邻居浜岛老人，就是一名从业六十年的园艺工，通过和他的交流，作者感受到了园艺工和樱花树的羁绊。

美文阅读

　　毎年桜の季節が近づくと、日本では様々な形で開花予報をし、桜の花がいつ頃開くかを予測する。ラジオやテレビだけでなく、新聞にも毎日のように、桜の記事や、桜に関する詩歌、俳句、随筆が紙面を飾り、まるでこの季節がきて桜を語らないのは野暮だとでも言うように、春うららかに花が開くのを待ち、心騒ぐ雰囲気をかきたてる。買い物客に開花日をあてさせる賞品つきキャンペーンを行う商店も見られ、応募者は何月何日に咲くかまで正確にあて**なければいけない。**

　　聞くところに**よると**、予想を的中させるのは大半が老庭師で、毎年桜の木を育て、枝を切り、花のつぼみの大小を見て、その分量をみつもっていると、だいたいの所を推量できるようになり、また十中八九狂いがないという。

　　しかし、今年の日本の開花予報は変わった。人々はもう庭師の話をきこうとはぜず、経験豊富な庭師にさえ訊ねる者はない。というのもコンピューターを使って気象と桜の開花に関する過去のデータを分析し、開花日を予報するだけでなく、開花時間が午前か午後かさえも、たなごころを指すようにはっきり出そうというのだから、信じない人はない。冷たいコンピューターはなんといっても原理の

よくわからない摩訶不思議なものなので、信奉者を集めるのも無理はない。開花予報がコンピューターによるデータ処理の結果に変ってしまったのは明らかだ。

しかし、私自身は浜島老人と知り合ってから、この考えを捨てた。老人は庭師で、私のお隣さんだ。矍鑠<u>として</u>、毎日徒歩で行き、今でも車に乗るのを好まない。彼が庭師になってすでに六十年。京都東山の枝垂れ桜、大阪造幣局の通り抜け。至る所に彼が精魂を込めて植えた桜の木がある。彼はいつも私に言う。

「桜の花の寿命は短い、一年で多くて四五日、残りの日はすべて樹<u>ばかり</u>、花がない」

三月中旬、彼はいつもより早く家を出るようになる。これは新聞配達の少年が新聞を持ってくる時間と同じ時刻だ。門の外でまず朝刊が郵便受けに落ちる音がして、それから浜島老人が戸を開けて家を出て、小声で新聞配達の少年に「おはよう」とあいさつする。

私は元々早く起きて読書する習慣があり、早朝の様子は何ということなしに聞こえてくる。ある日私は老人に、こんなに早く家を出て何をしているのか尋ねた。

彼は言った。

「桜の木に霜が降りていないかみているんだよ。」

「霜が降りるとどうなるのですか。」

「桜の木は脆い。寒さに弱く、春を待ってはじめて花を咲かせる。」

少しして彼はまた私に告げた。

「ちょっと寒くなると、桜の木は縮むんじゃ。」

「どうして分かるんですか。」

「木をなでるんじゃよ。６０年もさわっていると、手が温度計のようなもので、桜の木の体温をずっと計ってきたから、あと何日で花が開くか、体が覚えているんです。」

言い終えると、老人は満面の笑みを浮かべた。

❀ 译文

在日本，每年快到樱花开放的季节，就会发布各种花讯，预测樱花什么时候开。除了电台的广播和电视的画面以外，还有每天报纸上的文字描述，诗歌啦、俳句啦、随笔啦，烘托出春暖花开的热烈气氛，好像到了这个季节不议论樱花就不解风情。很多商店也推出预测开花日的有奖竞猜活动，参与者必须写明究竟是哪一天花能开，要准确无误。

据说，猜中的人多半是老园艺工，因常年培育樱花树，剪一根树枝，看看花骨朵的大小，掂算它的分量，心里就能估摸出来，而且八九不离十。

可今年的日本花讯变了，大家不再听信园艺工的话，哪怕是经验丰富的园艺工也无人垂询。因为电脑根据气象和樱花开花之间的关系

进行数据演算，不但能预报开花的日子，甚至连上下午的开花时间都能了如指掌，所以没人不信！冷面的电脑毕竟还是神奇的，被人信奉也不足为怪。花讯显然变成了电脑数据的演算结果，仅此而已。

不过，自打我认识了浜岛老人以后，这个想法就不再站得住脚了。

老人是园艺工，跟我是邻居，身子骨硬朗，脚下生风，每日步行，从来就不喜欢坐汽车。他当园艺工已经六十年，无论是京都东山的垂樱，还是大阪造币局的樱花大道，到处都有他精心种植的樱花树。他总跟我说："樱花开得短，一年最多四五天，剩下的日子光是树，没有花。"

三月中旬，他开始提早出门了，和报童一大早送报的时间差不多。门外先是传来晨报被塞入信箱的响声，然后就是浜岛老人开门出屋，轻声跟报童打招呼说"おはよう！（早上好）"的声音。

我本来就有早起读书的习惯，所以一大早的动静便会有意无意地飞入耳中。有一天我问老人为什么那么早出门，他说："为了看看樱花树上落没落霜。"

"落霜会怎么样？"

"樱花娇贵，怕寒，到了春天才会开花。"

稍后，他又告诉我："天一寒，樱花树会收缩。"

"你怎么知道？"

"用手摸树呀。我摸了六十年，手就是温度计，专测樱花树的体温，樱花还差多少天开，我的身体已经记住了。"说完，老人满脸喜色。

阅读小辞典之重点文法

❶ に関する/に関して

解说 "关于……""有关……"，表示事物和行为所涉及的对象。「に関する」后接名词作定语使用。

例句 環境に関する諸問題を検討する。（探讨关于环境的诸多问题。）

❷ なければいけない

解说 "必须……""不……是不行的"。表示从社会常识或事情本身性质来看，有某种义务或必要性。

例句 明日の朝早く起きなければいけないので、お先に失礼します。

（因为明天必须要早起，我就先走了。）

❸ によると

解说 "根据……"，表示传闻的出处或消息的来源等。

例句 天気予報によると今夜は雪が降るそうです。

（根据天气预报，今晚有雪。）

❹ として

解说 "作为……"，表示某种身份、资格或立场等。

例句 私は前に観光客として日本に来たことがある。

（我之前作为游客来过日本。）

❺ ばかり

解说 "只……""光是……"。

例句 あの子は肉ばかり食べて、野菜を全然食べません。

（那个孩子只吃肉，完全不吃蔬菜。）

阅读赏析及写作点拨

　　原文选自《開花予報》，每到樱花季，日本全国上下都会关注樱花的开花时间。一直以来，人们都会听信经验丰富的老园艺工预测花期，但是近年来，园艺工却被电脑数据代替，花讯变得精准，却有些冰冷……作者的邻居浜岛老人，就是一名从业六十年的园艺工，通过和他的交流，作者感受到了园艺工和樱花树的羁绊。

　　本选段中，作者首先描绘了人们预测花期的热烈氛围。每年快到樱花季时，各大媒体都会出现很多关于樱花的讯息。"桜に関する詩歌、俳句、随筆が紙面を飾り"（关于樱花的诗歌、俳句、随笔占满了纸面），日语表示"关于……"时，可用"～に関する"。除了媒体，很多商家为了吸引顾客，还会推出预测花期的有奖竞猜活动，中奖条件是必须准确猜到开花时间。"応募者は何月何日に咲くかまで正確にあてなければいけない"，这里的"なければいけない"表示"必须做到某事"。作者听说，猜对的人通常都是老园艺工。"聞くところによると、予想を的中させるのは大半が老庭師"，此处的"によると"，提示了信息的来源，可译为"根据……"。

阶梯式写作训练

Step1 ＜基础练习＞

从方框中选择正确的表达填在下画线上。

> に関する　なければいけない　によると　として　ばかり

①経済専門家＿＿＿＿＿＿、円安は今後も続くということだ。

②田中さんはいつも人のやることに文句を言う＿＿＿＿＿＿で自分では
　何もしない。

③コンピューターの使い方＿＿＿＿＿＿、質問がある方は、私のところ
　までどうぞ。

④私は卒業論文のテーマ＿＿＿＿＿＿資源の再利用の問題を取り上げる
　ことにした。

⑤教師：作文は 400 字以上で＿＿＿＿＿＿。短くてはいけません。

Step2 ＜扩展练习＞

1. 根据提示内容，使用合适的文法，在＿＿＿＿＿＿处补足缺少部分，完成
　句子。

①＿＿＿＿＿＿＿＿＿＿＿＿＿＿（关于这次《中国社会的高龄化》的调查）
　とても興味深かった。

②子供たちが学校に通う道、通学路は＿＿＿＿＿＿＿＿＿＿＿＿＿＿＿＿
　（必须安全）。

③（根据早间新闻的预报）＿＿＿＿＿＿＿＿＿＿＿、今年の夏は

特に東北地方において冷夏が予想されるそうです。

④来週、社長が日本に出張するので、＿＿＿＿＿＿＿＿＿＿＿

（我也作为翻译同行）。

⑤（这本书全是汉字）、＿＿＿＿＿＿＿＿＿＿＿＿読めません。

2.请将下列句子翻译成日语。

①我对那件事一点兴趣都没有。

＿＿＿＿＿＿＿＿＿＿＿＿＿＿＿＿＿＿＿＿＿＿＿＿＿＿＿＿＿＿＿

②旅行包必须要轻便对吧？

＿＿＿＿＿＿＿＿＿＿＿＿＿＿＿＿＿＿＿＿＿＿＿＿＿＿＿＿＿＿＿

③据小李说，小王因为感冒了，所以今天没来上课。

＿＿＿＿＿＿＿＿＿＿＿＿＿＿＿＿＿＿＿＿＿＿＿＿＿＿＿＿＿＿＿

④他作为留学生来到日本。

＿＿＿＿＿＿＿＿＿＿＿＿＿＿＿＿＿＿＿＿＿＿＿＿＿＿＿＿＿＿＿

⑤只对她表示好意。

＿＿＿＿＿＿＿＿＿＿＿＿＿＿＿＿＿＿＿＿＿＿＿＿＿＿＿＿＿＿＿

Step3 ＜作文练习＞

最近媒体报道的内容中，有什么让你印象深刻的事吗？请以此为

话题，写一篇作文。

写作要点：

①简单介绍一则近期让你印象深刻的新闻。

②谈谈这则新闻给你留下特别印象的原因，并阐述你的观点。

写作要求：

①字数为 300 ～ 350 字。

②格式正确，书写清楚。

③高考日语考生请用「です」「ます」体；其他学习者可使用简体。

（20×20）

第12课
园艺工与樱花

原文选自《開花予報》，在本选段中，作者通过邻居浜岛老人，感受到了园艺工和樱花树的羁绊。经验丰富的园艺工，通过手摸树干的温度，就能预测花期。

美文阅读

彼の話を聞いてから、私も試しに桜の木をさわってみた。手で触れた木はまるで冷蔵庫から出した**ばかり**の冷たい柿のようで、すがすがしい。

「私も昔は君と一緒で、桜の木がわからなかった」と老人はそう言いながら、手を広げた。手のひらは老樹の曲がりくねった根のようで、しわが網の目のように広がっている。彼は続けた。

「桜が開くときは木全体が暖かくなる。その熱気は樹心から吹き出すもので、時には火のように感じるし、時にはまた人の脈拍のようにも感じられ、どくどくと脈うっているのがわかるのです」

「夏場あんなに暑いのに、桜の木は熱くないのですか」

「熱くないさ。桜が熱いのは春、花が咲くときだけなんだ」

浜島老人はこのように桜を理解できること、しかもそれが人々に開花の日を教えるためではないというのは、私にとって意外なことだった。老人は普段は言葉少なく寡黙で、口数が多いのは恐らく春だけだ。知人に会うごとに「花は見ましたか」と問うのが、彼のこの季節の挨拶になっていた。その一日がくるのを待ちながら、彼が朝夕の時候の挨拶をするとき、それはきっと桜が散っていた。久しく隣国に居住し、浜島老人と長年隣人でいる**うちに**、私は自然に

花開き花散る時の彼の変化を察知できるようになった。

　私は思う。それが何なのか、はっきりしないが、ただ今年のコンピューターによる開花予報は、本当にいささか金属臭があり、違和感をおぼえる。いったいどうやって浜島老人と比べるというのか。

長年、桜に心をくばり愛着を持ち続けたからこそ、老人の体温は桜の木と通じ合うことができ、一種の融合にまで達することができたのだ。

　桜は幹を通して、開花予報を浜島老人に伝え、彼は大声を出して人に言いふらすことも、あちこちで開花日を喧伝することもない。しかし彼が感じる幸福はあるいはわれわれには想像もつかないものであるだろう。さきほど彼が桜の木を撫でたときの満面の喜色はとりわけ私の心を動かしたのだった。

　当然、コンピューターは正確無比で、データにしろ演算にしろ、すべて精確なものである。しかしそれでは浜島老人の幸福をおそらくほんのひとかけらさえも体得することはできない。

　私が浜島老人に今年の開花予報は変わるらしいと告げたとき、彼はこう一言いった。

　「桜の花は私の心に咲いている」と。

译文

听了他的话，我也试着摸了樱花树。手摸着树就好像接触到从冰箱里拿出来的冷柿子，冷飕飕的。

"我过去和你一样，不了解樱花树。"老人说着，把手摊开，掌心犹如老树的盘根，纹路呈网线状。他接着说："樱花开的时候，整棵树可暖和啦！那股热气从树心里冒出来，有时我感觉它像一团火，有时又感觉它跟人的脉搏一样，怦怦直跳！"

"夏天那么热。难道樱花树不热吗？"

"不热。它只热在春天，热在开花的时候。"

浜岛老人能如此了解樱花，且并非为了告诉人家开花的日子，这多少叫我觉得意外。老人平时少言寡语，每年说话多的时候恐怕只有春天。这个季节，他遇熟人就问："你看樱花了吗？"这句话变成了他的问候语。等到有一天，当他又跟你说"早上好"之类的寒暄话的时候，那一定是樱花谢了。久居邻邦，当了多年浜岛老人的街坊，我自然会察觉到他那随着花开花落的变化。

我想了一会儿，也说不清想什么，只觉得今年的花讯要用电脑操作，实在有些金属臭，真别扭！怎么能跟浜岛老人相比呢？正因为对樱花有着常年的关注和持续的投入，所以老人的体温能和樱花树沟通起来，甚至达到一种融合。

樱花通过树干，把花讯传达给了浜岛老人。他既不张扬，也不到

处宣传开花的日子，但他所感到的幸福也许是我们难以想象的。刚才他抚摸樱花树时的满脸喜色尤其让我感动。

当然，电脑是精确的，无论是数据还是演算，都精确无比，但它却不能体会浜岛老人的幸福，恐怕一丁点儿也不能！

当我告诉老人今年的花讯变了的时候，他只说了一句话：

"樱花开在我心里。"

阅读小辞典之重点文法

❶ うちに

解说 "在……之内""趁着……的时候"。

例句 どうぞ、温かいうちにお召し上がりください。（请趁热吃。）

❷ ～にしろ～にしろ

解说 "无论是……还是……都"。

例句 出席にしろ欠席にしろ、招待状の返事は早く出したほうがいい。

（无论是否出席，都请尽快回复邀请。）

❸ ごとに

解说 "每……""每当……"。前面可接动词辞书形或名词。

例句 一雨ごとに寒くなる。（一场秋雨一场寒。）

❹ からこそ

解说 "正因为……"，强调原因。

例句 好きなことを職業にする人が多いが、私は映画が好きだからこ

そ、職業にはしないことにした。（虽然很多人把喜欢的事情当成自己的职业，但是我正因为喜欢电影，才没有把它当成我的职业。）

阅读赏析及写作点拨

原文选自《開花予報》，在本选段中，作者通过邻居浜岛老人，感受到了园艺工和樱花树的羁绊。

经验丰富的园艺工，通过手摸树干的温度，就能预测花期。作者自己也去尝试了一下，却感觉像从冰箱里刚拿出来的冷柿子，"まるで冷蔵庫から出したばかりの冷たい柿のようで、すがすがしい"。日语中表达"刚……"时，可以用"〜ばかり"，另外，"〜ばかり"还可以表达"只……""光是……"，比如在上一篇文章中，"桜の花の寿命は短い、一年で多くて四五日、残りの日はすべて樹ばかり"（樱花的寿命很短，一年中最多有四五天，剩下的时候光是树叶）。

浜岛老人是一个寡言的人，但是在常年的相处中，作者发现每到樱花季，浜岛老人就会发生一些变化。在日语中，表达在某一期间发生的情况，可用"〜うちに"，例如文中"浜島老人と長年隣人でいるうちに、私は自然に花開き花散る時の彼の変化を察知できるようになった"（在当了多年浜岛老人街坊的这段时期，我自然察觉到了他在花开花落时的变化）。

近年来，花期的预测变成了电脑推算，"コンピューターは正確無比で、データにしろ演算にしろ、すべて精確なものである"（电脑是精确无比的，无论是数据还是演算，都是精确的）。日语中表示"无论……还是……都"的语义时，可以用"〜にしろ〜にしろ"。

阶梯式写作训练

Step1 ＜基础练习＞

从方框中选择正确的表达填在下画线上。

~にしろ~にしろ　からこそ　ごとに　うちに

①引き受ける＿＿＿＿＿引き受けない＿＿＿＿＿、なるべく早く決めた

ほうがいい。

②友達に誘われて何回か山登りをしている＿＿＿＿＿、私もすっかり

山が好きになった。

③この目覚まし時計は5分＿＿＿＿＿鳴るように設定されている。

④雨＿＿＿＿＿＿うちにいたくない。雨の日にうちにいるのは寂しす

ぎる。

Step2 ＜扩展练习＞

1. 根据提示内容，使用合适的文法，在＿＿＿＿处补足缺少部分，完成

句子。

①（不管喜不喜欢）＿＿＿＿＿＿＿＿＿＿＿＿、健康のため、毎日野菜

を食べなければならない。

②（听她讲着讲着）＿＿＿＿＿＿＿＿＿＿＿＿＿、涙が出てきた。

③＿＿＿＿＿＿＿＿＿＿＿＿＿＿＿（奥运会每四年召开一次）。

④＿＿＿＿＿＿＿＿＿＿＿＿＿＿（正因为他的成绩很好）、合格でき

たのでしょう。

2. 请将下列句子翻译成日语。

①不管去不去旅行，决定了的话请马上告诉我。

_____

②想趁着年轻去很多国家旅游。

_____

③我每两年会更换新的电脑。

_____

④正因为他有能力，才希望他当领导。

_____

Step3 ＜作文练习＞

你学日语多久了呢？学习日语，给你带来了怎样的变化呢？请以《私の日本語学習》为题写一篇作文。

写作要点：

①简单介绍你学日语的时间、目的、方式等，以及学习日语的感受。

②通过具体事例，谈谈日语学习对你产生的影响。

写作要求：

①字数为 300 ～ 350 字。

②格式正确，书写清楚。

③高考日语考生请用「です」「ます」体；其他学习者可使用简体。

（20×20）

第 13 课
山间车站

原文选自《防府駅の落葉》，作者在一个秋天外出访友，途经了叫作"防府站"的乡村小站，在这里，他和值班员之间发生了一些小插曲，"防府站"也从此给他留下了难以忘怀的美好记忆。

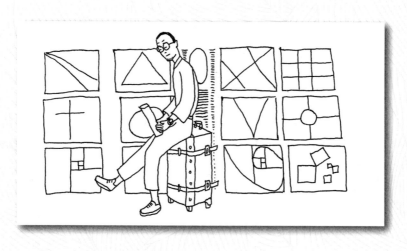

美文阅读

　独り異郷の客となると、時には遠出をし、親しい友人を訪ねてみたくなる。

　こんな思いになるたび、私は秋を選んできた。日本は山が多いため、秋風が葉をかすめ、金色の光が澄み輝き、爽快な気分にさせてくれる。

　神戸から車を走らせ、フェリーで博多①港へ渡り、さらに車で山口県へ向かう。友人の家は山里にあるため道路は険しく、ほとんどがいわゆる峠道で、急カーブが続き、運転するには危ないので、電車に乗り換えてくるようにと勧められた。そこで、彼の勧めに従って防府②市外の小さな駅から列車に乗ることにした。

　それは小さな駅で、田舎らしく単線になっており、対向列車が来ると行き違うまで待たなければならない。それに、村へ向かう列車は本数も少なく、「智取威虎山」の小さな汽車と大差ない。防府は七世紀には早くも要塞があり、瀬戸内海③に面した当時の小国の国府だったそうだ。九州へ派遣される兵士の任期は一応三年とはいうものの、しばしば延長され、中には親や妻子に二度と会えない者もあった。歴史上これらの兵士を「防人」と呼ぶが、さぞや悲壮であったことだろう。しかし、当時の飛鳥時代には、これら地方諸国

の軍隊の兵力はわずか五百人余りだったというから、戦争と言っ
てもさしたる規模ではなかったに違いない。

日本は他国に比べ内戦の少ない国なのだ。

注①博多：福岡市東半部の地名。

注②防府：山口県南部の瀬戸内海に面した市。

注③瀬戸内海：本州と四国・九州とに囲まれた内海。

译文

独作异乡客，有时也想出个远门，走访好友。

每当产生这般念头，我就选择秋天。因为日本山多，秋风拂叶，
金光清辉，令人心旷神怡！

从神户开车，乘轮渡抵达博多港，再驱车前往九州的山口县，好
友说他家住在山里，道路又陡又险，尽是上下坡，弯道又急，开车危险，
劝我换乘电车。于是，我照办了，准备从防府站上列车。

这是一个小站，只有几条乡村线路，大多数属于单行道，迎面
对开的列车需要错车。而且，这些开往乡村的列车班次也不多，听上
去跟《智取威虎山》里的小火车差不多。据说这"防府"早在7世纪
就是一个要塞，它面临瀬户内海，是当时一个小国的国府。被派到九
州驻守的士兵哪怕任期只有三年，也时常因为被延期，有的士兵从此
以后就再也没见过他的父母和妻儿了。历史上把这些士兵叫作"防人

（SAKIMORI）"，想必很悲壮吧。不过，在飞鸟时代，这些地方诸国的一个军团兵力仅有五百多人，哪怕是打仗，也打不出什么规模。

日本是一个很少发生内战的国家。

阅读小辞典之重点文法

❶ たび（に）

解说 "每次……""每当……就……"。

例句 父親は外国に行くたび（に）珍しいお土産を買ってくれる。

（爸爸每次去国外，都会买些稀奇的土特产给我。）

❷ ため

解说 "因为……"缘由，理由。

例句 事故のため（に）、電車が遅れました。

（因为事故，电车晚点了。）

❸ ことにする

解说 "决定……"。

例句 連休には、長野の友達のうちへ行くことにしました。

（我决定长假的时候去长野的朋友家。）

❹ らしい

解说 "有……特点""像……似的""地道的……"，接在名词后面，表示主体充分具备了前面的名词应该具有的特点、性质、风格等。

例句 今年の夏は涼しくて、あまり夏らしくないです。

（今年的夏天很凉爽，不太像夏天。）

5 普通形 ＋ そうだ

解说 "据说……"。

例句 天気予報によると、明日は大雪が降るそうです。

（据天气预报说，明天下大雪。）

6 ものの

解说 "虽然……但是"，逆接，表示转折。

例句 新しい服を買ったものの、なかなか着る機会がない。

（虽然买了新衣服，但是不太有机会穿。）

阅读赏析及写作点拨

　　原文选自《防府駅の落葉》，作者在一个秋天外出访友，途经了叫作"防府站"的乡村小站，在这里，他和值班员之间发生了一些小插曲，"防府站"也从此给他留下了难以忘怀的美好记忆。

　　在本选段中，作者介绍了和防府站相遇的契机。每当想要外出访友时，作者都会选择秋天，因为日本山多，秋天令人心旷神怡。在日语中要表达"每当……就……"这一含义时，可以选用"たび"，文中就写到了"こんな思いになるたび、私は秋を選んできた"（每当产生这样的念头，我就会选择秋天）。

　　这次拜访的朋友住在山里，开车不便，作者决定从防府站换乘电车。表达"决定做某事"可以用"ことにする"，比如文中的"市外の小さな駅から列車に乗ることにした"（决定从市外的小车站乘坐列车）。

防府站是一个乡村小站，据说这里曾是一个要塞。"防府は7世紀には早くも要塞があり、瀬戸内海二面した当時の小国の国府だったそうだ。"这些历史背景，都是作者"听说"的，并非亲眼所见，因此在句尾要加上表示"传闻、据说"的"そうだ"。另外，文中写到"九州へ派遣される兵士の任期は一応三年とはいうものの、しばしば延長され、中には親や妻子に二度と会えない者もあった"（被派往九州驻守的士兵哪怕任期只有三年，也时常因为被延期，有的士兵从此以后就再也没见过他的父母和妻儿了），在日语中表示转折的用法很多，例如"が""しかし""でも"等，本文使用的是"ものの"，这是一个更为书面的表达。

驻扎在这里的士兵被称为"防人"，听来悲壮，但飞鸟时代地方诸国的兵力并不强大，因此作者推测这里没有发生过大规模的战争。"戦争といってもさしたる規模ではなかったに違いない"，这里的"に違いない"，译为"没错、一定是"，也是一个表示推测的句型。

阶梯式写作训练

Step1 ＜基础练习＞

从方框中选择正确的表达填在下画线上。

> たび　　ため　　ことにする　　らしい　　そうだ　　ものの

①うちの犬は、私が出かけようとする＿＿＿＿、寂しそうな目で私を見る。

②田中さんは出席日数が足りなかった_____、卒業できませんでした。

③桜の木の下で拾ってきた猫だから、「さくら」と呼ぶ_____。

④久しぶりに会った明子さんは、本当に母親_____なって、やさしい声で子供に話していました。

⑤来週うちの近くでお祭りがある_____。

⑥あの映画は一度見た_____、話の筋がまったくわからなかった。

Step2 ＜扩展练习＞

1.根据内容提示，使用合适的语法，完成句子。

①_____（我每次看到小李）、素敵な人だといつも思う。

②_____（因为降雪量太大）、試合が中止された。

③３月は試験があるので、_____（决定不打工了）。

④今日は涼しくて、_____（像是秋天了）。

⑤友達によると、_____（去年的考试很简单）。

⑥_____（虽然头脑里明白）、実際に使い方を言葉で説明するのは難しい。

2.请将下列句子翻译成日语。

①每当我看到这张照片，都会想起故乡。

_____

②这个城市因为交通不便，所以骑摩托车的人很多。

_____

③我决定不再喝酒了。

_____

④我想掌握地道的日语。

_____

⑤据天气预报说，明天要下大雨。

_____

⑥虽然我说了三天之内把报告写好，但没能完成。

_____

Step3 ＜作文练习＞

　　你的家乡，是否有存续至今的历史古迹呢？它（们）有怎样的历史背景，又对现代人们的生活产生了什么样的影响？请以此为主题写一篇作文。

　　写作要点：

　　①简单介绍你家乡的历史古迹。

　　②通过具体事例，谈谈某一历史古迹对人们的生活产生的影响。

　　③阐述你的看法。

　　写作要求：

　　①字数为 300～350 字。

　　②格式正确，书写清楚。

　　③高考日语考生请用「です」「ます」体；其他学习者可使用简体。

（20×20）

第14课
防府站奇遇

　　原文选自《防府駅の落葉》，作者去山里访友，在人迹罕至的"防府站"转车，发生了一件不太愉快的小插曲。作者在买车票时，发现没有零钱，唤来唯一的值班员，谁知他也没有准备，只得慌慌张张跑去远处的商店帮忙换钱，但就在这期间，列车开走了。

美文阅读

防府駅の周囲はなにもなく、大きな建物もない。駅からそう遠くないところに十字路があるが、信号機さえなかった。通行する車両も少なく人通りもまれなので、信号があろうがなかろうが東京や大阪のようにさして重要なこともないのだろう。私は駅前の自動券売機の前に行き、目的地までの料金を顔を上げて探した。四百七十円だ。ポケットからお金を取り出そうとした。その結果、私は自分の財布の中に一万円札しかないのに気付いた。この券売機は千円札までしか使えない。致し方ない。どこかで小銭にくずしてもらうとしよう。

駅の入り口には窓口があり、真っ昼間という**のに**電気がつけっぱなしで、誰もいなかった。周りには私以外の乗客も見あたらず、駅員の影もない。ホームの列車は都合のよい**ことに**まだ発車しそうもない。車両は黙って整列し、静かさをかもし出していた。

「すいませーん。両替してください」と、私は大声で叫んだ。

誰も答えない。ただ風の音が耳もとをすぎ、屋根の上から木の葉がひらひらと地面に舞い落ちて、軽い土埃をたてる。秋風が防府駅で一番忙しい乗客なのだろうか?ひとしきりたって、慌しい声が近づいてきた。

「お待たせしました。どうもお待たせしました。」

中年の駅員が駅舎の中から走り出てきた。右手にはほうきを持ち、ほうきの先を地面から半尺ほどもちあげ、額には汗がにじんでいた。私はこれを見て、もう大声を出さなかった。お金を渡しながら、「小銭にくずしてください、切符を買うんです」と言った。

彼はお金を受け取ると、仕事机の上の金庫を開けた。中身をひっくり返した。その顔には困惑の色が浮かんでいた。

「ああ、ここも小銭がないですね。」

彼は頭を上げて慌てて言った。

「ちょっとお待ちください。そこまで走って替えてきますから。」

私は頷いた。自然とそれ以上催促するのが申し訳なかった。しかし彼が走り去って駅から出た間に、列車はピーッと鋭い音を立て動きだそうとした。これには慌てた。彼が両替してくるこの何分かの間に列車が出てしまったらまずいことになる。もともと少ない本数なのに、これを逃したらいったいどれだけ時間を無駄にするやら。

不幸にも、私が心配したとおりになった。待っても待っても彼は戻って来ず、彼がようやく戻ってきた頃には列車はとうに出発していた。

「どうしてくれるんですか！」

私は大声で駅員を詰問した。

「列車が出てしまったじゃないですか。見えなかったんですか？」

……

　彼は替えてきたお金を両手でうやうやしく私に差し出したが、その眼差しにはお詫びの意が満ちあふれ、ひたすら私に頭をさげた。

「昼間は人が少ないし、店も遠いから、両替するにも時間がかかって。本当に申し訳ありません。申し訳ありませんでした。」

　私は無言でお金を受け取ると、身を翻して券売機で切符を買った。心の中ではもう、これもいいか、ここに残って秋風を友にして次の列車を待とうか、という気になっていた。仕方がない。

译文

　　防府站的四周是光秃秃的，并无高大的建筑物。离站不远处有一个十字路口，居然连红绿灯也没有。好在行驶的车辆不多，人也稀少，有没有信号灯似乎不像在东京、大阪那么重要。我走到站前的自动售票机旁，仰头看好目的地的票价，整 470 日元。于是掏兜拿钱，结果发现自己的钱包里只有一万日元的大票子，这台自动售票机的最大收款面值只是 1000 日元。无奈，我得找个地方换零钱。

　　车站前的入口处有一个窗口，大白天里屋内也亮着灯，没人。周围除我一个人以外，既瞧不见其他乘客，也看不到值班员的影子。很凑巧，站内的列车尚未启动，一排排的车厢默然整队，使眼前呈现一

种逼人的静寂。

我大声喊："有人吗？我想破个零钱！"

没人答话，但风声贯耳，从屋檐上吹落的树叶飘至地面，掀起轻微的尘埃。秋风莫非是防府站最忙碌的乘客？过了一阵子，急促的回应声由远而近。

"让您久等了，让您久等了。"

一个中年值班员从车站里跑出来。他右手提一把长扫帚，扫帚梢离地半尺，不至于拖着地，头上直冒汗。我见此状，也不再喊了，一边递给他钱，一边跟他说："我想破个零钱，买车票。"

他接过钱，打开工作台上的钱匣子，翻了一会儿，面露难色：

"啊呀，我这里也没有零钱呀。"

他抬起头又急忙说："请您稍等等，我替您换一下钱就来。"

我点点头，自然也不好意思催促他什么。可就在他一溜儿小跑出站这当间，列车"吱——"的一声尖叫，准备启动。这下我慌起来，他换零钱的这几分钟，列车要开了的话，那不就糟糕啦！更何况车次本来就少，放跑这班车不是白白浪费时间吗？

不幸的是，结果真像我担心的那样，左等不来右等不来，好不容易等他跑回来的时候，列车已经开走了。

"怎么回事？"我大声责问值班员，"车都开了呀！你没看见吗？"

他双手拿着换好的钱恭敬地端到我面前，目光充满歉意，一个劲

儿向我低头道歉说："白天这里人少，商店也远，破个钱得跑老远，实在对不起，实在对不起您。"

我无声地接过钱，转身走到自动售票机那里买好票，心想这倒好，留下来跟秋风作伴，等下一班车吧。没法子。

阅读小辞典之重点文法

❶ あいだに

解说 "在……期间""在……结束之前""趁着……"。

例句 夏休みの間に引っ越ししたいです。（我想在暑假期间搬家。）

❷ とおりに

解说 "如……那样""按照……"。

例句 私の言ったとおりにやってみてください。（请按照我说的做。）

❸ のに

解说 "却……""然而……"，表示转折。含有说话人因为结果与预想不同而感到遗憾、不满、意外。

例句 田中さんは遅刻をしないと言ったのに、また遅刻をした。

（田中说了不会迟到，却还是迟到了。）

❹ っぱなし

解说 动词连用形＋っぱなし，表示对某项必做的事置不管。一般用于贬义。

例句 ドアを開けっぱなしにしたまま出てしまった。

（门开着就出去了。）

5 ことに

解说 "非常让人……的是……"。表示说话人对后项事物的评价，前面常接续表示感情状态的词。

例句 興味深いことに、昔のおもちゃが再び流行しているそうだ。

（令人觉得有趣的是，据说以前的玩具又开始流行了。）

阅读赏析及写作点拨

　　原文选自《防府駅の落葉》，作者去山里访友，在人迹罕至的"防府站"转车，发生了一件不太愉快的小插曲。

　　作者在买车票时，发现没有零钱，唤来唯一的值班员，谁知他也没有准备，只得慌慌张张跑去远处的商店帮忙换钱，但就在这期间，列车开走了。

　　日语中表示"在……期间"时，通常用"間に"，比如文中写到"彼が走り去って駅から出た間に、列車はピーッと鋭い音を立て動き出そうとした"（他一溜儿小跑出站这当间，列车吱——的一声尖叫，准备启动）。列车的鸣笛声让作者顿时慌乱了起来，他担心值班员来不及赶回来，结果正如他所料，值班员还没回来，列车就开走了。"不幸にも、私が心配したとおりになった"（不幸的是，结果真像我担心的那样）。这里用了"とおりに"，表示"如……那样""按照……"。

阶梯式写作训练

Step1 ＜基础练习＞

从方框中选择正确的表达填在下画线上。

とおりに	ことに	っぱなし	間に	のに

①赤ちゃんが寝ている＿＿＿＿、洗濯をしました。

②これから私が言う＿＿＿＿パソコンを操作してください。

③私が 3 時間もかけてケーキを焼いた＿＿＿＿、誰も食べてくれません。

④服が脱ぎ＿＿＿＿よ。ちゃんと洗濯機に入れなさい。

⑤驚いた＿＿＿＿、将棋の試合で小学生が大人に勝った。

Step2 ＜扩展练习＞

1.根据内容提示，使用合适的语法，完成句子。

①＿＿＿＿＿＿＿＿＿＿＿（趁着有空）、本棚を片付けてしまおう。

②＿＿＿＿＿＿＿＿＿＿＿（按照说明书）組み立ててみたのですが、動かないんです。

③＿＿＿＿＿＿＿＿＿＿＿（明明已经晚上 12 点了）、電車には大勢の人が乗っていました。

④＿＿＿＿＿＿＿＿＿＿＿（没注意到空调一直开着）、電気代がめちゃ高くなった。

⑤_____（令人头疼的是）、相手の名前がどうしても思い出せなかった。

2. 请将下列句子翻译成日语。

①我想在日本留学期间登一次富士山。

_____

②正如您所言。

_____

③明明很热，铃木学习时却没开窗。

_____

④开着灯就睡着了。

_____

⑤令人感到开心的是，明年好像可以去日本留学。

_____

Step3 ＜作文练习＞

生活中，难免会和旁人发生摩擦，如果你和朋友发生了不愉快的事，你会怎么解决呢？请根据你的实际经历，以《友達と不愉快になったら》为题写一篇作文。

写作要点：

①简单介绍你会如何处理人际关系中的矛盾。

②通过具体事例，谈谈你的处理方式会产生怎样的结果，并陈述

理由。

　　写作要求：

　　①字数为 300 ～ 350 字。

　　②格式正确，书写清楚。

　　③高考日语考生请用「です」「ます」体；其他学习者可使用简体。

（20×20）

第15课
防人与落叶

原文选自《防府駅の落葉》。作者准备在防府站乘车，却因为值班员换零钱没有及时返回，导致作者没赶上车。冲值班员发火也无济于事，于是作者只能在冷清的站台，等着下一班列车的到来，心怀愧疚的值班员，用属于"防人"的方式，表达了歉意。

美文阅读

　人影のないプラットホームへ進んだ。その間、さきほどの駅員はずっと私に注目していた。私の目は彼の過ちをおかした顔を映し出していた。彼は私と話をしたそうなそぶりだった。おそらく、この物寂しい駅で列車を待つ私が退屈だろうと心配したのだろう。元はと言えば彼の過失だから、よけいに気が咎めているのだ。彼の眼差しは少なくともこのように私に告げていた。

　……

　駅員はまたほうきを持ち、彼がさっきしていた仕事を再び始めた。プラットホームの上の落ち葉を掃除していたのだ。

　……

　私はいぶかしく思った。一体彼は何でちりとりも持たずに落ち葉を掃き、そして落ち葉を掃きならした状態でやめているのか。彼はものも言わず、黙って落ち葉を掃き続けている。プラットホームにはわれわれ二人きりだ。彼は動いている。手足はリズミカルに移動している。私は静かにしている。元の所に立ち、穏やかな日差しを浴びている。それから落ち葉。これも彼と共に移動し、高く舞い上がっているのもある。

　とうとう列車がやって来た。乗りこもうとした時、彼がこちらに

向かって走ってくるのが見えた。小さな封筒を差し出して、ねんごろに述べた。

「お客様、私の不注意から大変申し訳ないことをしました。」

言葉を返す間もなく、列車はゆっくりと動き始めた。窓の外を見ると、彼は微笑み、きびすを返すとまたほうきを手にした。列車は走っている。すこし走ってから、私はさっきのプラットホームの掃きならされた落ち葉が掃かれるごとにますます光に照り映え、人を陶酔させていたことに思い至った。秋の落ち葉はちょうどひと塊りの火に似て、太陽の光芒の中でまるでプラットホームに美しい金の絨毯を広げたようだった。

この時、私はようやく悟った。駅員は毎日列車に乗る人が落ち葉のきらめきを見られるように、日に数本の少ない列車のため、黙々と掃き、落ち葉をならしてその最後の美を見せようとしているのだと。

ここまで思って、急いで封筒を開けた。なかには四百七十円分の硬貨と一枚の黄金色の落ち葉だけが入っていた。

そして封筒の裏側には大きな字で書かれていた。

防人 SAKIMORI ！

🧹 **译文**

我走进无人的站台。在这一段时间里，刚才的值班员一直都注视

着我，我用眼睛的余光瞄见他那张做错了事的面孔。他好像很想跟我搭话，恐怕他认为这冷清的车站会让我等车等得不耐烦，再加上他的过失，更觉有愧了。他的眼神起码是这样告诉我的。

值班员又拿起他的长扫帚，继续干他刚才的活儿，原来他一直在站台上扫落叶。

我纳闷，他为什么不拿簸箕扫除落叶，而仅仅把落叶扫成均匀的状态就停下来呢？他不吭声，默默地扫。站台上只有我们两个人，他在动，手和脚都在有节奏地移动，而我是静的，原地站着，沐浴在暖阳之中。当然，还有落叶，也跟他一样是移动的，甚至是飞扬的。

终于等到列车来了。我正要上车，只见他径直向我跑来，递给我一个小信封，诚恳地说："乘客，请原谅我的过失吧。"

我措手不及，列车却已缓缓启动了。我望着车窗外的值班员，他脸上含着微笑，回头又拿起了他的扫帚。车在继续前行，大约开出一段距离时，我逐渐发觉刚才站台上的那些均匀的落叶越来越耀眼、越来越迷人。秋天的落叶恰似一团火，在太阳的光芒之中，简直就像在站台上铺展开了一张美丽的金色地毯。

这时，我终于有了感悟。值班员为了每天让车上的人看见落叶的光辉，哪怕每日仅有几趟电车，他也默默地扫，把落叶扫得"哗""哗"地响，让落叶在秋风中展示它们最后的美。

想到这，我赶紧打开信封。原来里面放的只是装着 470 日元的硬

币和一片金黄的落叶。

而且在信封的背面写着以下几个大字：

防人 SAKIMORI！

阅读小辞典之重点文法

1 きり

解说 "只有……""自从……就一直……"，表示限定，或发生前项事件之后，其状态一直持续，并且再也没有发生后项事件。

例句 一回きりの人生だから、大切にすることを知っておく必要がある。（人生只有一次，所以需要知道什么是重要的。）

2 ようだ

解说1 "像……那样"，"宛如"。表示比喻。

例句1 ビルの屋上から見ると、人がまるで虫のようだ。

（从建筑物的屋顶上看，人就像虫子一样。）

解说2 "像……那样"。表示举例、列举。

例句2 わたしは田中さんのような優しい人が好きです。

（我喜欢像田中那样温柔的人。）

解说3 "好像……""似乎……"，表示主观推测，带有不确定的语气。

例句3 先週は図書館が休みだったようだ。（上周图书馆好像休馆了。）

3 ように

解说 "为了……"，表示目的。

例句 風邪が早く治るように注射を打ってもらいました。

（为了感冒早点好起来，我打了针。）

4 とともに（と共に）

解说 表示伴随。"随着……""与……一起""与……同时"。

例句 秋の深まりとともに今年も柿が美味しくなってきた。

（随着秋意渐浓，今年的柿子也逐渐美味。）

阅读赏析及写作点拨

　　原文选自《防府駅の落葉》。作者准备在防府站乘车，却因为值班员换零钱没有及时返回，导致作者没赶上车。冲值班员发火也无济于事，于是作者只能在冷清的站台，等着下一班列车的到来。心怀愧疚的值班员，用属于"防人"的方式，表达了歉意。

　　列车离开后，车站只剩下作者和值班员两个人。作者静立于暖阳之下，值班员有节奏地移动手脚，把落叶扫开均匀地铺满站台。此处的描写一静一动，勾画出秋日中静谧和谐的画面。"プラットホームにはわれわれ二人きりだ"，此处的"きり"，表示"没有别的，只有……"，烘托出了人迹罕至的氛围。

　　文章中的值班员从出场到最后，除了去换钱，都是拿着扫帚默默地扫着落叶，作者好奇他为何不拿簸箕把落叶归拢在一起，而是要均匀铺开。直到最后坐上列车，看着站台上的落叶在太阳的光芒中如金毯般美丽的景象，终于感受到了"防人"的良苦用心。"太陽の光芒の中でまるでプラットホームに美しい金の絨毯を広げたようだっ

た。"（在太阳的光芒之中，站台上简直就像铺展开一张美丽的金色地毯）。"ようだ"这一句型可表达"比喻""列举""推测"等含义，在此处表比喻，常与"まるで"连用。此时，作者才明白，值班员把落叶铺开，是为了每天让车上的人看见落叶的光辉。"駅員は毎日列車に乗る人が落ち葉のきらめきを見られるように……"，此处用"ように"表达"期望、目的"，译为"为了……"。

阶梯式写作训练

Step1　＜基础练习＞

从方框中选择正确的表达填在下画线上。

> きり　　　　ようだ　　　　とともに　　　　ように

①赤ちゃんが生まれてから、夫婦二人＿＿＿＿で旅行するなんて不可能だ。

②彼女の笑顔は太陽の＿＿＿＿明るく輝いている。

③誰にもわからない＿＿＿＿そっと家を出たのだが、母に見つかってしまった。

④この国では、今でも結婚した長男が両親＿＿＿＿暮らすのが普通だそうだ。

Step2 ＜扩展练习＞

1. 根据内容提示，使用合适的语法，完成句子。

① ＿＿＿＿＿＿＿＿＿＿＿＿（今天早上的报纸只看了标题）、具体的
な内容はまだ読んでいない。

②母ははじめて飛行機に乗って、＿＿＿＿＿＿＿＿＿＿＿＿＿＿＿

（高兴得像个孩子）。

③＿＿＿＿＿＿＿＿＿＿＿＿＿（为了能在这次比赛中获胜）、一生懸命
頑張ります。

④都市では、＿＿＿＿＿＿＿＿＿＿＿（在人口不断增长的同时）、住
宅問題が深刻になってきた。

2. 请将下列句子翻译成日语。

①人生只有一次，所以想开心地度过。

＿＿＿＿＿＿＿＿＿＿＿＿＿＿＿＿＿＿＿＿＿＿＿＿＿＿＿＿＿＿＿＿

②上周图书馆好像闭馆了。

＿＿＿＿＿＿＿＿＿＿＿＿＿＿＿＿＿＿＿＿＿＿＿＿＿＿＿＿＿＿＿＿

③为了能看清黑板上的字，我坐到了前面的位置。

＿＿＿＿＿＿＿＿＿＿＿＿＿＿＿＿＿＿＿＿＿＿＿＿＿＿＿＿＿＿＿＿

④随着气温的升高，花逐渐开始绽放。

＿＿＿＿＿＿＿＿＿＿＿＿＿＿＿＿＿＿＿＿＿＿＿＿＿＿＿＿＿＿＿＿

Step3 ＜作文练习＞

你是否观察过，校园在一年四季中呈现出什么样的景象呢，请选择一个你最喜欢的季节，描述校园的样子，以及你喜欢的原因。以《＿＿（季節）の学校》为题，写一篇作文。

写作要点：

①简单描述校园的四季景象。

②通过具体事例，谈谈你最喜欢哪个季节的校园，并陈述理由。

写作要求：

①字数为 300 ～ 350 字。

②格式正确，书写清楚。

③高考日语考生请用「です」「ます」体；其他学习者可使用简体。

（20×20）

第❷部分
延伸阅读
——获奖作品

莫言さんと日本への旅

　この何年か、作家の莫言さんは私にとって一番の旅友だ。私たちは何度も一緒に日本を旅した。零下十四度の冬の北海道、人ごみの東京、盛夏炎熱の古都京都。どこでも彼がいるだけで、小説のようにとても幻想的かつリアルになる。

　ある年の春、莫言さんと大阪府にある川端康成の旧居を訪れた。その時、神戸から関西国際空港までマイカーで迎えに行った。彼は私に会うなり「飛行機では黙って、心の中で悪だくみをしていたよ」と言った。そして笑って尋ねた。「川端康成先生もこんな感じじゃなかったかな。どこに行っても心の中であれこれ、悪だくみして、あんまり話さない癖があったんじゃないかな。」

　莫言さんの日本探訪は飛行機から降りると同時に始まっているのだ。彼は普通の旅行者とは違って、ずっと半分文学、半分現実の感覚の中にいるのだ。

　十四年前に、私達は一緒に小説『伊豆の踊子』ゆかりの地を訪れ、川端先生がこの小説を書いた湯元館に泊まった。旅館は小さな木造建築で、二階で人が歩くと建物全体がギシギシと音を立て、外の風の音か中の足音かわからないこともあった。翌朝、莫言さんが目を覚まして私に向かって言った最初の言葉は「おい、俺は寝て

いるかい?」だった。寝ているかどうか、彼本人以外に分かるわけがない。ひょっとしてまた小説の中で熟睡していたのだろうか。

　莫言さんは、自分が川端先生の小説に啓発されたと言っていた。作家同志のコミュニケーションは現場からくるものが多く、生きている者が死者を訪ねた場合でもそれに変わりはないのだとも言った。

　私と莫言さんが川端康成旧居を訪れたのは、ある日の午後。晴天、無風だった。出迎えてくれたのは川端家の遠縁の老婦人で、髪はすっかり白髪になり腰は曲がっていたが、話し声は力強かった。彼女は杖を手に、遠くが見渡せる場所にわれわれを案内した。川端は子供の頃からこうやって塀越した遠くを眺めていたという。近くのものは見ようとせず、一人で何もせずにじっと一か所に立って遠くを眺め続けていたと老婦人は言った。

　私は川端先生のエッセイの中で当時のことに触れた箇所があったのを思い出した。たしかこんな情景だ。祖父が事業に失敗して、裕福な生活がたちまち崩れ、ずっと子守りをしていた女性もしかたなく里に帰っていった。ところが、ある日、彼が寂しく思っていると、突然、子守女が塀の外から声をかけてきて彼に食べ物をくれた。それ以来彼が遠くを眺めるのが好きになったのは、ある種の温もりの訪れを待つためだったのかもしれない。

　経緯を書いてみればこれだけのことであり、それ以上の込み入っ

た話はない。ところが、中国の一人の作家が静かに川端先生の体験に入り込んだとき、そこにコミュニケーションが生じ始めるのだ。莫言さんは「ある作家を知るにはまず彼の経験を知る必要がある」という。そのためにはわれわれは旅をしているのであり、莫言さんは川端家の遠縁の老婦人の熱心な説明を聞き、川端文学記念館の館長に幾つも質問した。どんな質問だったか私は忘れてしまったが、彼が私に尋ねたことは覚えている。「その頃彼と一緒に遊んだ幼友達はその後どうしたんだろう？」

どうやら、莫言さんは川端先生が子供の頃とても孤独だったと言う説明をあまり信じていないらしく、少なくとも、川端少年にも友達はいただろう。大勢ではないにしろ、きっといたはずだと思っているのだ。

作家・莫言という一人の生者が中国からやってきた。一方に、川端康成という、ガス自殺した日本の作家がいる。この二人がある時間軸の中に身を置き、一方がもう一方の経験から何を見つけたとき、文学のコミュニケーションが完成する。そしてこのようなコミュニケーションが、莫言さんが私との旅行をしている最中に実現したことは、私にとって得難いことだ。

莫言さんのノーベル文学賞受賞を心からお祝いする。今年は中日関係にとってはよい年とは言えず、最悪の一年と言ってもいい

くらいだが、私はここに書いた経験を思い起こしたとき、そこの国家間の難局を照らす一筋の光があるように感じた。文学のコミュニケーションは両国の文化と親近感を表しており、このような親近感こそが国家間の理解の礎石になるかもしれない。

夜山桜

桜の花が咲く季節は、また春雨の続く頃でもある。雨の日には、舞い散る花びらのかわりに微風が、果てしない透明な網をひくように細雨の間を漂い、明るい薄紅色は淡い霧におおわれ、人々に春の訪れを告げる。陽光がさんさんとふりそそぐ晴れやかな日でも、桜の花を見るとき、人はなぜか言いがたい憂愁におそわれる。

日本を訪れた人々が口をそろえて言うように、日本の桜は非常に美しい。とりわけ山に満開に咲く桜の美しさは言葉で言い表せない風情がある。日本に来て最初の春、何はともあれ京都まで桜を見に行くことにした。

京都で桜の名所といえばやはり円山公園だろう。公園の近くまで来ると竹のすがすがしい香りがし、公園を流れる小川のおかげで、空気はいつも潤いをおびている。竹は柔らかな緑の葉を整然と風

にそよがせている。鷲卵石を敷き詰めた小道が曲がりくねり、石灯

籠があちこちに配置されている。陽光が揺れ動く竹の葉を透して照

らすと、それらの石灯籠はたくさんの表情—泣く者や笑う者や—

を幻のように映し出した。

　陽光がしだいに弱まり、夕刻に近づくにつれ、花を愛でようと集

まってくる人波が増えだした。家族連れであったり、あるいは気心

の知れた友人同士であったり、仕事帰りに同僚と来たものらしかっ

た。桜の下の空き地は余すところなく占領されていた。これらの

「縄張り」は大きさも色も様々なビニールシートで仕切られており、

ダブルベッドの三倍はあろうかという大きさのものもあれば、小さ

な腰掛け程度の大きさしかないものもあった。シートは、赤、オレ

ンジ、黄、緑、青、藍、紫と、色とりどりで、静かに咲く薄紅色

の桜の前で人々は競うようにさんざめいていた。興にのるにつれ、

声も自ずと大きくなる。酒瓶を打つ音がそこここで起こり、大声で

しゃべり笑う声が一つの波となって、彼らが話をしているのか、

歌っているのか、はたまた飲み過ぎてくだをまいているものやら、

ひとつひとつの内容はさっぱりわからない。

　しかし桜の花にしてみれば、これもまた空気が巻き起こす風にす

ぎない。桜の下には和服姿の日本人がたくさん見られる。女性は

帯がきついせいかスタスタとは歩けず、いきおい歩幅は小さく急ぎ

がちになる。石畳を歩くその音は、短く歯切れよく、年越しに中国人がギョウザの餡を作るときの野菜を刻む音を連想させる。

　夜の帳が下りてきた。桜の木にかけられた提灯に明かりが灯ると、東山のふもとから石段にそって明かりがずっと延びた。人々はたちまち興奮してきて、ビールの飲み比べをするものや、必死に手をたたくもの、なにやら大声で叫ぶものもいる。

桜

ああ、春の桜

常緑の森林ではなく

一瞬で過ぎ去るその美しさ

……

　よくよく耳を傾けると、誰かが詩を詠んでいるのだった。声の主は中年の男で、手には菊正宗{JZ: 兵庫県南東部の市。住宅地。}一升瓶をぶら下げ、髪は乱れ、垢じみた顔をしている。小さな目に不釣り合いに大きい眼鏡をかけ、やせて背ばかりひょろりと高く、神経質そうな眼光が辺りの桜を睨め付け、小さな盛り土の上に狂気じみた様子で立っていた。周りの人は彼を気にもとめていないようだ。人々の笑い声が波のように高まっている。花を楽しもうというときに誰かの気が少々ふれたとみてどうということもないのかもしれない。

　一人桜の下に花を愛でる心情とまわりの乱痴気さわぎとの間にずれを感じていた私は、その詩を詠む男——「詩を叫ぶ男」と言うべきかもしれない——の様子に好奇心を抱いた。彼はなぜこんな様子で詩を詠んでいるのだろうか？

　しばらく考えてみる。その男はまだ詩を詠んでいる。ずっと詠んでいるうちに疲れてきたようで、叫びはいつの間にかつぶやきに変わっていた。

　ばか騒ぎは相変わらず続いている。時計の針が十二時を指すころになって、ようやく人々は家路につきはじめ、東山の灯りも消えた。

　すこし眠くなってきた。車に戻って一眠りしようか。だが駐車場までは少なくとも二十分は歩かねばならない。ふと自分の服装を見れば、十分に着込んで暖かすぎるぐらいだし、肩にセーターもかけている。ポケットにはカイロも一つ入っている。よし、今夜はここで明かすとするか。

　満月の夜桜などなかなかお目にかかれるものではない。桜の花びらは声もなく、息もたてず地に落ち、もの悲しさが桜の枝々から滲み出て、朦朧とした月光の下で目には見えない何ものかの気配が私を落ち着かなくさせた。

　「桜が泣いてる」

　突然、背後から叫び声が聞こえた。驚きと同時に、恐怖感が突

き上げた。何とか気を静め、ぱっと振り向いて声のする方をにらみつけた。何のこともない。さっきの詩を詠んでいた中年男だ。目を真っ赤にして、桜に寄りかかるようにして地面にだらりと座り込み、恍惚とした表情を浮かべ、手にはのこりわずかの菊正宗を握っている。私に話しかけたようで、また私だけに話しかけたのではないようだ。周りを見渡し、ほかに人がいないのを確かめ、私に話しかけていると見定めたのちに、問い返した。

「私に言ってるんでしょうか?」

「ああ、そうだとも」

こう言うのを聞いて、かえってホッとした。このような人はたくさん見たことがある。だいたい駅の近くで、ボロボロの服をまとい、街頭に野宿している。目の前の男も同じだろう。

「あんたは桜の見方を知ってるようだからな」

その意味を解しかねていると、彼は続けた。

「桜の花が咲き誇る、満開になる、そして咲き尽くす。どれも美しくなどない。深夜、月の光が天空の中央まで昇るのを待つ。そうして見る桜はまったく違う。」

天を見上げる。月はまだ東山の後ろに隠れているらしい。それとも雲に遮られているのだろうか。いずれにせよ、月の光はあるが、その姿は見えない。

「夜に桜を見るとなんていいんですか？」

「知りたいのか。」

ぼんやりと私を見ながら、一方の腕を伸ばし天を指した。そして
また一口酒を流し込んだ。なにやらいわくありげだ。

「何のお仕事をされてるんですか？」

「酒の醸造だよ。」

彼は酒を飲み下すと、顔もあげずに答えた。話しながらも、彼の
指先は絶え間なく地面の花びらをもてあそんでいた。

「小さい頃からの夢があるんだ。桜酒を造りたいってね。聞いた
ことあるかい？」

「ないです。」

葡萄酒、桂花酒、米酒のたぐいは知っているが、桜酒とは聞い
たこともない。

彼は続けた。

「この夢は長年僕をさいなんでね。おかげで市役所も辞めて、こ
こ数年そればかりに心をくだいてきた。初めは大きな麻袋を担い
で、桜の木の下へ行っては花びらを拾った。桜が咲く数日のうち
に百袋近くも担いで帰ったものだ。それから大きな木桶に入れ、
麹や水なんかを加える。でもどうしたって、桜の味がでない。カ
サカサとした渋みしかない。桜の花じたい、味はとても淡いもので、

ほとんど嗅覚を刺激するような面白みはない。そこでまたよくよく考えて、雨水に打たれたものか、霧に包まれた桜を使えばいいと思い当たった。まだ太陽に晒されない夜のうちに桜を拾えばいいわけだ。それからというもの、春が来れば毎日毎日、新聞やテレビの開花予報に釘付けで、雨が降ればすぐ出かけた。こうやって春中がんばったがやっぱりだめだ。桜の味は前よりは濃くなった。でも発酵して酒を醸造するほどではないんだ。」

男はため息をついた。彼はつかんだ花びらを、力いっぱい握りつぶした。

「もし桜酒を造り出せれば、すごいだろう。国花で国酒だ。どうだい？」

「それはすごいと思います。」

彼の眼差しは幾分真摯さをあらわし始め、吐き出す言葉もさっきよりははっきりしていた。

「それからまた考えた。山に咲く桜ならもっといい、もっと味があるはずだ。山の天気は変わりやすくて、雨が降ったり、風が吹いたり、時にはまた雪が降ったりする。天気が変わりやすいほど、桜の味が出ると思ったんだ。」

「そうとも限らないのでは……」

私は半信半疑だった。

「いいや、僕は信じてるよ。今年は夜山桜を拾う初めての年なんだ。」

「夜山桜？夜に山で咲く桜ですか？」

「そうともさ」

彼はわが意を得たりというように私を一瞥した。

「昨日の夜東山にのぼったけどね、もちろんこの麻袋を担いで。」

彼は尻の下敷きになっているものを指さした。いかにも、盛り土とおもったのは押し潰された麻袋の山だった。

「山の風が吹けば桜はすぐにたくさん散る。空も地面も桜でおおわれて、体中に花びらがつく。麻袋の口を大きく開けて花びらを入れようとするんだが、口が小さすぎるようでね。」

彼は大笑いした。

「風がものすごく強いと、私の方が袋に入りそうになる。」

彼の笑いは天真さを帯びていて、私も楽しくなってきた。

「じゃあ、夜山桜の花びらを拾うのは、酒の原料にするためなんですね。」

「そうさ。きっとこうするといいんだ。もし夜山桜でも酒が出来なかったら、その時はもうあきらめるしかないだろうな。」

彼は小型ラジオを取り出し、耳にくっつけ、それ以上ものを言わなくなった。彼が初めに思ったようなおかしな人ではなく、桜酒づ

くりに魅せられた人だと知った。

　何時ごろだろうか。月が明るくなり、ぼんやりとしていた遠くの山の輪郭があらわれた。月の光は雲の端からあらわれ、ちょうど東山の南側をこしたところで山頂とほとんど一線上に並んだ。月に照らされた桜の影のなか、かたわらの花びらたちをぼんやりと見つめる。両足は花と月の世界に固められたようだった。月明かりに舞う桜に視線を投げかける。それはひらひらと思う存分に水銀のような光芒を織っていた。月明かりも桜を助け、悠慢に滑り落ちる花びら一枚ずつに光の洗礼を授けていた。私の眼差しと月夜と桜が交わり、溶鉱炉の循環のように、暖かい流れが私の心に湧いてくるのを感じた。

　しばらくして私は男に近寄って尋ねた。

　「何を聞いているんですか？」

　「ああ、天気予報だよ。明日どこの山で雨が降るかと思ってね。」

　「行くんですね。」

　「もちろん。」

　きっぱりとした口調だった。

　「桜の命は短い。開花予報では今年の桜は長くても十日と保たないと言っていたから、毎日拾っても、そんなにたくさんは集められないだろうな。」

「わかりました。天気予報や開花予報を聞いて桜の咲いている所を追うわけですね。」

「そうなんだ。南から北まで、咲いているところならどこでも行く。明日は富士山さ。」

その口ぶりから桜酒をつくらずにはいられないという気持ちが読み取れた。

夜山桜は彼の願いを叶えてくれるのだろうか。考えているうちに、いつの間にか木のベンチに寄りかかったまま眠りについていた。

どのくらい時間がたったのだろう。空が白み、朝日が暖かさを運んでくれている。あの男はもういなかった。とうに立ち去ったのだろう。あの夢を追いかけるために。

四年後、私は妻と富士山へ花見にでかけた。中腹の寺で休憩したとき、住職から新たな伝説を聞いた。数年前の春、大風が吹いて、一夜にして桜の花がすべて散った。それから何日も花びらが空を狂ったように舞い、数え切れない光の輪をともなって、空に薄紅のかたまりが渦巻いた。人々は腰を抜かし、寺に集まって祈祷した。ようやくおさまったら、山になった花びらの下から身元不明の遺体が発見された。話によれば痩せて背の高い男性で、眼鏡をかけていたとのことだ。

私は驚きのあまりしばらく声も出なかった。頭には東山、月

夜、桜、そして自らに妥協を許さないあの中年男の姿が同時に浮かんだ。

専修寺の朝

日本には、海からほど近い場所にも多くの寺がある。ほのかに漂う磯の香りで海が近いとわかるのだ。前日に雨が降り、翌朝になって白い雲が残るような冬の日には、境内の木々の梢の鳥のさえずりもぐんと少なく、御影堂からの読経の声がひときわ大きく感じられる。

私がはじめて専修寺を訪れたときに目にしたのは、まさしくこのような情景だった。

その旅で私の足が寺に向いたのは、いつもの好奇心からではなく、宿泊先の農家のおばあさんに引きつけられたからであった。そのときは不思議に感じられた彼女の日常生活は、後に日本人と接する機会が増えるにつれて理解できるようになったのだが、あの朝まで、私はごく普通の日本人の日常生活についてとりたてて深く考えたことさえなかった。

専修寺は、三重県津市の一身田町というところにある。今からおよそ五百年前に、親鸞上人の所縁で建てられた寺で、高田教団の

歴代の上人が居住するようになり、本山となった。また、一身田は本山とともに発展した寺内町でもあった。寺の近くに学校がある。生徒の制服は、寺の壁のような灰色で、太陽の下では時折きらきらと輝くことがある。おばあさんの家は学校の裏にあり、農業のかたわら木造の下宿屋を営んでいた。田んぼや畑に囲まれ、夏になると蛙の鳴き声が絶えないという。真冬の今、その情景を想像すると、心なしか暖かくなるような気がした。

　私が「旅のものですが、この二、三日泊まらせてもらえますか?」と尋ねると、おばあさんは親切に角部屋に案内してくれた。そして共同トイレと風呂場の場所を教えてくれながら、こう説明した。

　「ここにはね、出稼ぎに来ている北海道の人たちが来るの。北海道は冬寒くて、仕事にならないの。このあたりに土木の仕事をもらって、がんばっているんだ。人はいいけど、酒癖が悪いでね、飲み過ぎると大声で騒ぎ出すもの。まぁ、お兄ちゃん、気にしないでね。」

　その夜、おばあさんの言うとおり、酒の匂いをプンプンさせて男たちは帰ってきた。匂いが廊下に充満しそうだった。そして彼らが長靴を脱ぎ捨てる音は、まるで隕石が落ちたかと思うほど、ドカンドカンと大きく響いた。彼らの昼間の苦労が重い疲労に変わっているんだろう、やがて始まった酒盛りの騒ぎを気にしつつ、私は早々と布団にもぐった。

　早朝、誰かが足早に廊下を通り過ぎる足音で目が覚めた。トイレにでも行こうとする北海道の男ではないかと思ったが、耳を澄ますとそれは下駄の音で、乱石に流れてゆく水のようにリズミカルだ。足音はなぜか急に私の部屋の前で一瞬止まった。おや、と思ったが、足音はまた響き始めた。不思議に思った私は、引き戸を開けてのぞいてみた。廊下を通りすぎたのはほかでもない。あのおばあさんではないか。彼女は、農家の人がよくかぶるような鍔広の帽子を被って、首にはタオルを巻き付け、専修寺のほうへ向かって歩いていた。

　おばあさんは念仏者のようだ。下駄の音は田んぼ道に消え、彼女の手首にのぞく数珠が光っていた。彼女の後について行こうかと思ったその時、廊下の向こうからまた、とことこと急ぐ足音が近づいてきた。今度は、下駄ではなく、陸上選手がゴム製の滑走レーンを踏み込んだような音。まさかと思ったが、それは夕べ酒を飲んで騒いでいた連中だった。彼らは、おばあさんの後ろを追うように、一陣のつむじ風のごとく遠ざかった。そして、彼らの腕にもまた数珠がみえた。

　私にとって、この朝の体験は神秘的だった。暗闇の中の幻覚よりも、むしろ曙光に照らされた彼らのきっぱりした足取りが神秘的に感じられたのだ。おばあさんと出稼ぎの男たちは、専修寺に出かけ

ていくときに何を思うのだろう。おそらくそれぞれ違う思いがあるだろう。しかし、仏に向かって念仏を唱えるその瞬間、彼らの間にきっとなんらかの共感が醸し出されるに違いない。私は、それを想像しながら、急いで服を着た。彼らの後ろに続くつもりだったのだ。

　部屋を出て戸を閉めようとした時に、私は、足元に紫色の袱紗に乗せた数珠が置いてあることに気がついた。数珠は私に何かを語りかけてくるように見えた。きっとおばあさんがここで足を止めて置いてくれたに違いない。胸に熱い思いがこみあげてきた。私は数珠を握って急いで彼らの後を追った。

　田んぼ道に沿って歩いていくと、目の前に、昇り始めた太陽を背にした専修寺が現れた。朝焼けで大地は金色に染められていた。おばあさんと男たち、そして四方から集まってくる人々は、寺に向かって、まるで赤い太陽の中に溶け込んで行くように歩いている……

　御影堂に入ると、外の光が急に遮られたようで、視界が一気に暗くなった。しばらくたって、ようやく暗い御影堂の内陣のあたりに、白い光が射し込んでいるのがわかった。堂内の欄間、蛙股、長押、鴨居……そんなものが次々と私の目に迫ってくる。

　そんななかで、念仏者たちは、数珠を片手に一心に念仏を唱えている。その数珠は、よく見ると擦り切れている。念仏が終わると、

みんなが外へ出ていき、私もあとに続いた。みんなは家にもどって着替えて、それから仕事に出掛けて行くのだろう……私はなんの疑いもなく、そう思っていた。ところが、おばあさんも男達も、その足でそのまま仕事場へ向かって行くのである。

そうか、この人たちにとって、念仏はなんら非日常なことではなかったのか。そう、その時、初めて私は気がついたのだが、その「発見」は、なにかすがすがしい思いへと私を誘うようだった。

最終電車

大阪に出勤して一日目にまず覚えたことは終電の時間だ。大阪から神戸までの最終の快速電車は深夜十二時二十五分、正確に言えば翌日の零時二十五分に発車する。

日本での暮らしも長くなり、交際もどんどん増え、友達と食事をしたり飲みに出かけたりする機会も増えた。時には私から誘うこともあるが、これはほとんどがつきあいで、人に誘われるのに比べて回数は大分少ない。しかしどちらが誘ったにしても、毎回飲み食いの時間はとても長くて、終電の時間を逃そうものなら、家に帰れなくなる。神戸に帰るタクシーはあるにはあるが、距離が遠く、タク

シー代もばかにならない。大体電車の切符代の十五倍はする。だから終電の時間を覚えていれば、落ち着いて楽しめるというわけだ。そしてこれは飲みに行ってもこれ以上は遅くはなれないという時間で、境界線のように夜の外出の最後の一刻を示している。

夏の大阪はにぎやかだ。特に夜になると、梅田 {JZ: 大阪市にある商業・娯楽地区。} 界隈は居酒屋、レストラン、ラーメンの屋台などの呼び込みで熱気は天を衝き、ここが昼間にはスーツに革靴のサラリーマンが忙しく行き交う街だとはまったくわからなくなる。

高架橋の下ではティッシュを配る宣伝マンが、行き来する人の中を忙しく動いている。この手の夜に配られるティッシュは大半が風俗関係の宣伝で、あるものは妙齢の美人ホステスの姿が印刷されており、あるものは今夜はあなたをうっとりさせるとうたい、またあるものはもっと直接的に一糸まとわぬ媚態を示すうら若い女性の姿と大きな字で電話番号が書いてある。そのけばけばしさは、道行く人にティッシュを配っている若者の服装と同じだ。耳たぶにはいくつも金属のピアスをしており、それがネオンの下で光っている。その中の一人が「どうぞ」と叫んだとき、彼の舌にも小指の爪ほどの銀の輪が光っているのが見えた。

夕飯を終え、バーで酒を飲んでいるうちに、終電の時間が近づいてきた。腕時計を見ると、なんとあと三分しかない。今日は北京で

知り合った友人伊丹君がニューヨークから休暇で帰国しており、何年ぶりかで会った。さらに共通の友人も加わって興を添えたので、みなとてもにぎやかで、バーのグラスを一つまた一つと積み重ねて誰が一番高くまで積み重ねられるか競った。結果、ガチャーンと割ってしまった。バーのママは思い切り愛想笑いをして、「グラスが丈夫じゃないのよ、取り替えなくちゃ」と言った。見たところ彼女は無理に言っているようでもない。

「近いうちに必ず取り替えるから、そしたら電話で教えてあげるから、信じられなかったら見に来てご覧なさい」と言った。

こうして、彼女とお客の間の話は決まった。感情は通じあい、千客万来、そして彼女の調子には媚びが含まれていた。私が伊丹君にこう言うと、彼は目を見開いて、「あー、毛君、何年か会わないうちに、すっかり日本人を研究し尽くしたみたいだね。」と笑った。この時、ママはちょうどこわれたグラスを手早く片付けているところだった。みんなは彼女をからかい、笑わせ、そして終電の時間がやって来たことに私は初めて気が付いたのだった。

あぶないぞ。私は急いで立ち上がり別れを告げた。しかしみんなは私を引き留めようとする。特にママは最も張り切っている。終電を逃して家に帰る気持ちは味わったことがある。私は漂軽な仕草でその場をごまかした。みんなが楽しそうに笑い出したので、こ

れで抜け出せるとふんだ。最後に「いくら払えばいいか、明日教えて。じゃあ、終電に乗りたいから。バイバイ」と言うやいなや駆け出した。

　私は走った。通りは大きな蒸籠のようで、高架下の道路は露天サウナのようだった。暑い、暑い、暑い！ 汗が私の白いワイシャツににじみ、胸と背に繊維が粘りついた。私は急いで、大阪駅に猛ダッシュし、改札をくぐり、五番ホームに駆け上がった。電車は発車するところだった。人は依然多く、とても込んでいる。私は足を休めるまもなく、半分閉まりかけた扉に一気に押し入った。肩の力で両側から閉じようとする自動ドアを押しとどめ、足を車内に入れた。一瞬、私はすっかり無重力状態になった。

　電車が発車して、私はようやく力を緩めた。汗の滴が額を流れ落ち、眉を流れ、まつげに留まり、私の視界をぼやけさせた。電車に駆けこんだ私は息せき切って、ただ目の前に動いている人影があることしか分からず、ふらふらとよろめいていたが、見渡したところでは他の乗客もそんな有り様だった。私は気を静めて、これが神戸に帰る電車であることを確かめ、ようやく一息ついた。

　電車がレールを押さえつけて走る音は単調で、ガタンゴトンと元気がない。大阪駅を出て、尼崎 {JZ: 兵庫県南東部の市。} から西宮 {JZ: 兵庫県南東部の市。} のあたりは、沿線に川や水田があった

り、工場用地だったりするので、さっきのネオンが輝く大阪と比べると暗い。とくにある区間は真っ暗だ。私はぼんやりと窓の外をながめ、それから眼を目的もなく車内に巡らせた。そして次第に私は、自分の目が錯覚を起こして乗客がふらふらとよろめいていると思ったのではないことに気がついた。彼らはみな飲み過ぎて、酒席の興がさめず、酒気が鼻につき、顔は真っ赤だった。みんなが終電に駆けつけた気持ちは私と同じなのだ。

車内はとても込み合っていて、朝のラッシュと変わらない有り様だ。面白いのは昼夜の変化で、車内の雰囲気がガラリと違っていた。朝は、大部分は男性陣が、こざっぱりしたスーツにネクタイ、ブリーフケースと朝刊を抱え、出勤する風景だ。ウィークデーの五日間はいつも込み合っており、ホームは秩序を維持するための駅員が出動して、車内に人を押し込む。人の多さときたら訳のわからない人をたぶらかす手段のようで、誰も一方を向かず、誰かのお尻が誰かのズボンの股にあたったり、誰かの肘が誰かの腰の後ろにあたったり、それでもみな無頓着で、声を上げずに人の流れにしたがって車内へなだれこむ。ドアのガラスまで押され、顔がガラスに張り付いて頬の形が変わっても、表情を変えずに、いつも通りという顔つきをしている人までいて、ラッシュアワーの電車はまったく比類なしのすさまじさだ。

電車は人を乗せ通勤させるものだ。この意義から言うなら、終電は一日の疲労と興奮を回収するためのものだ。

深夜が窓の外を流れ、車内の電灯が格別に明るく感じられる。朝と違うのは、込んではいるけれど、足下の空間にはいくぶん余裕があることだろう。深夜の乗客はしっかり立つのが難しく、左右に揺れ動いて、つまづいたりぶつかったりしている。

私は一人の女性に目をとめた。目を真っ赤にして、右手で吊革をもち、左手にクリーム色のバッグを持っている女性だ。頭はななめになっていて、中年の男性に向かってしきりと訴えている。

「私の言ってることわかります？……私はお茶くみばっかりしていられないんです……総合職なんですよ、営業をやる。そうでしょ……課長。」

この女性はどうみても飲み過ぎで、舌をかみそうになりながら言葉を吐き出すように話した。

課長と呼ばれた中年男性は私の近くで、顔中に不愉快そうな表情を浮かべていた。

終電は真夏の黒い夜を走り続けている。芦屋 {JZ: 兵庫県南東部の市。住宅地。} 駅の灯りも遠くなり、人が降りたので、車内はだいぶすいてきた。この時車両の後ろ側から騒々しい声が伝わってきた。その嬉々とした声から、飲んだ帰りの若者が大勢でわいわいと

冗談を言い合っているのだと知れた。見てみると、彼らもサラリーマンのようだが、入社したての新入社員らしく、悩みも心配もなさそうな顔をしている。その四人組は、スーツを脱いで網棚に置き、白いワイシャツ姿になって、一番上のボタンをはずしてネクタイを緩めていたりする。中でもネクタイを折り畳んで花のようにして、シャツのポケットに詰め込み、ちょっとだけ出しているのがいて、人目を引いていた。

「じゃん、けん、ぽん！」

彼らは声を押し殺して一斉に小声で叫んだ。発音はとても短く慌しく、意外にも軌道上の車輪と同じリズムだった。彼らが出したのはみなパーだった。

「あい、こで、ほっ！」今度はみなチョキだ。緊張した雰囲気になってきた。

「あーい、こーで、ほっ！」

ついに、一人がチョキを出し、残りの三人はグーをぶつけた。勝った三人は拳を握って、よーしというポーズをし、負けた男に額を出させた。負けた男は情けなさそうな表情を顔中に浮かべ、両手で前髪をあげると、続けざまに額をはじかれた。

「ハハハ……」

この若者たちの楽しそうな様子や、絶えず聞こえてくる額をはじ

く軽くて歯切れの良い音が滑稽なので、車内の雰囲気は愉快なものになり、通勤電車にありがちな沈んだ光景をすっかり変えてしまった。私はしばらくじっと彼らの賑やかな遊びを見つめていた。

夜風が半開きの車窓から流れ込み、私の汗ばんだ首を撫でていく。吊革をしっかりつかみ、頭を右肩によせ、腕がしびれるまで同じ姿勢のままでいる。車輪が軌道を圧するゴトンゴトン、ゴトンゴトンという音はとても単調できりがなく、子守歌のように耳元で響く。

私は疲れを感じ、具合よく近くの席に一人座れることを発見したので、手を挙げて坐っている人に脇へずれてもらい、腰を下ろした。

一人の中年男性がちょうど私の向かいの座席に沈みこんでいた。彼は眠っているようで、いびきもかいていた。たぶん車内が暑いせいだろう。頭を窓の外に出して風にあて、左手は窓わくにかけ、服は乱れて前が開き、大股を開いて、体は斜めにずり落ちている。眼鏡がなぜか腹の上にあり、レンズは衣服の外に出ているが、眼鏡のつるは衣服の縫い目の中に押し込まれていた。その疲れ切った様子から、昼間の苦労が推し量られる。口を半開きにし、鼻水が鼻の穴から流れ、口角まで流れ落ち、口元のよだれといっしょに一筋の透明な白線になり、窓の外の風を受けて、空気中で飛んでいた……見ていると、彼の目は鉛の塊をつるしたように、重く開かない。

朦朧としながらも不思議と揺れ動き、しゃがんで動けなくなってい

る目を閉じた女性。押し殺した声でゲームに興じる青年たち。そし

て向かいの死んだように眠りこける形相……なんと惨めなことか。

　日本人の生活は非常に疲れる。まさか彼らは気づいてないわけで

はあるまい。私は終電の人々に「何で早く帰らないのか」と問い

たい。この苦労から逃れられればどれだけ良いことか。

　私は考えに考える。知らず知らずのうちに頭は回らなくなり、

何も考えられなくなった。私はただわかっていた、自分の乗って

いるのは終電だと。しかしもうぼんやりしてきた……

　ようやく目が覚めたときには、私の乗った終電はほかのすべて

の乗客を降ろし、車庫に入ろうとしているのだった。

地下八百屋

　私のオフィスは大阪駅のすぐ近く、歩いて五分もあればこと足り

る。毎日神戸から電車に乗って出勤しているが、朝夕のラッシュア

ワーの中ではいつも人波を漂流しているような感覚を覚える。

　オフィスは駅前第一ビルの地上十二階にある。このビルは地下

は六階まであり、1970年に建てられた。見上げると、ビルは古さが

目立ち、各階の曲がり角の天井板はもう塗装がはげ落ちている。し

かしビル全体はきれいに手入れされており、少なくとも床に壁が崩れた土埃が落ちているのを見たことがない。もちろん、誰かが床にところ構わず痰を吐いているのも見たことはない。

ビルの地下二階はほとんどが小さなレストランになっていて、毎日正午にここで働くサラリーマンが出入りし、なかなか賑わっている。私もその中の一人だ。エレベーターでまっすぐ地下二階まで降りる。ドアが開くと、いつも生野菜のにおいが鼻をつく。特に長ネギ、ショウガ、ニンニクといったにおいの強いものは、時にとても鼻を刺激する。

最初は気に留めていなかったが、これが長く続いてくると、心の中で悪態をつかずにいられなくなってきた。

野菜売りが街角に露天を出さず、町に小売店も開かないで、なんでわざわざ地下に身を隠しているんだろう？まったくネズミじゃあるまいし。

私は子細に観察をするようになった。すると、その八百屋は固定客をもっており、同じように地下にある飲食店に専門に売っているのを発見した。飲食店をやっている人はたいていが家族経営で、若夫婦でやっていたり、おじいさんやおばあさんだったりする。彼らは毎日ネギやショウガ、ニンニクを切る仕事をこの八百屋さんにやってもらい、注文するときは缶単位で、目方は量らず、当然一把

一束とは量りようがない。

　毎日正午の食事時に気をつけるようになってわかったのは、店が違っても、ネギのみじん切り、ショウガの薄片、つぶしたニンニクなどはどこも同じで、包丁で切った長さ大きさもみなそろっており、すべて一つの規格にそろっているということだ。地下にはこんな多くの小さなレストランがあるが、みな八百屋の客であることは疑いなく、だからこそ八百屋は経営が成り立ち、常識にはずれようとも、地下にもぐり込んでいる。しかもここは門前市をなして、往来が賑やかだ。

　八百屋は戸を閉めず、またちょうどエレベーターのドアに面しているので、前を通る人は時につんとくるにおいで鼻を押さえざるを得ない。店にはまな板がきちんと並べられている。野菜を切る店員はマスクに眼鏡をつけ、動作はてきぱきしていて、職人技だ。もちろん、このビルの中にいなければ地下に野菜を売る店があるとは知りようもないだろうし、わざわざ地下にもぐって野菜を買いに来る人もいないだろう。

　この八百屋とビルの地下のレストランは事実上の「共同体」で、彼らは一種の協力関係にある。レストラン群が一軒の八百屋（正確に言うならば「野菜切り屋」）を出現させ、時間を食う野菜切りの仕事をすべて一括して任せ、この「共同体」の全体効率を上げて

いる。特に正午になると、ほとんどどのレストランにも食事を待つ行列ができる。もしそれぞれの店が時間をかけて野菜を切っていたら、定刻までに昼食を取る人に追いつかないだろうし、並んだ客をむざむざ逃がすのと同じことになる。

日本人はこの種のチームプレーを得意とするが、とくにここの飲食店と八百屋の関係を見ていると、彼らは同じ環境に位置し、地域意識を持ち、それは非常に強烈である。ここでは団体の中で自我意識は往々にして「八百屋」を通してこの種の日常的集合形態に表れる。

八百屋は時々腐った野菜の臭気をまき散らして、私のようなこの団体外の人間からすれば一種の侵入者にも等しい。が、レストラン仲間から言えば、これは彼らの日常の一こまに過ぎない。そうであればこそ、地下二階の八百屋はすでに二十五年の歴史をもち、いまだかつて誰からも文句をつけられたことがないのである。商売は大きくも小さくもなく、いつもあの様子で、周囲のレストランと上手くやっている。

話によると、日本ではこの類の地下八百屋がまだたくさんあるそうだ。

天売島とマグロの目

　「天売島」のことを中国語では「卖天島」と言う。むろん、北海道の地名の多くはアイヌ語に由来すると言われるから、「天売島」にもアイヌ語からくる特別な意味があるかもしれないが、ここではそのことは措いて、漢字の字面の遊戯として話をすすめよう。

　島に上がる前に、まずこの島の名前に大きな興味を抱いた。天下の商売人はおそらく売り買いできると考えているようだが、しかし天を売ろうとする者がいようとは考えてもみなかった。

　北海道へ行った時はちょうど夏から秋へ移る頃、舞鶴港から小樽までフェリーに乗り、車で札幌まで行って、さらに羽幌港まで運転し、そこから快速艇に乗り一時間余りで天売島へ着いた。

　この島の周囲は日本海で、地元の人は魚の宝庫と呼んでいる。それは、ここの島民がみなマグロ漁をもって生業としているからである。日本人は、マグロといえば刺身を思い浮かべるが、実はマグロを生で食べるのは第二次世界大戦の敗戦のころに広まったことだという。その当時、日本は廃墟となり、人々は最低限の衣食のために駆け回り、市にはいつもアルバイトをする貧しい学生が見られた。ある日、二人の学生が大八車を押していた。中にはさっき漁船から下ろしたばかりのマグロの切れ端がいっぱいに積まれていた。二人

は車を押しながら話した。

「この魚、脂がのって肥えてるし、栄養も多いだろうね。」

「一切れ切って食べてみようか。」

食べてみると、意外にも彼らはこの魚がとても口当たりが良く、美味しいのを発見した。この評判は伝わり、後に、日本料理の高級素材にまでなり、価格もすでに当時の何倍にもなった。

ところで、天売島の人口は百八十人に過ぎないそうで、自転車が最も便利な交通手段となっている。島を囲む沿岸の道路は約十二キロ、旅館も十数軒ほどだ。日本海の色は、陽光がしみ通ってとても腕白そうで、時には寄せて返す波が白く青く、時には燦爛と光り輝き、目を痛いほどに刺す。入り江の小さな港にはたくさんの漁船が停泊し、まばらに散っている信号旗がまるで万国旗を並べたようで、海水の中で揺れ動き徐々に暮れなずむ空の色に溶けていった。

「船が入るぞー！」

渡し船の老船乗りが船客に大声で叫びながら、錨を下ろして接岸する準備を始めた。彼の言葉は地方の方言らしく、長い年月を経た顔には、しわが深く刻まれ、肌は赤褐色だった。

ほとんど同時に、船内のスピーカーから柔らかで心地よい女性のアナウンスが聞こえてきた。

「皆様、お待たせいたしました。船はあと五分で天売島へ到着いたします。お忘れ物のないよう、下船の準備をしてください。」

「船が入るぞー！」

老船乗りは依然として大声をあげ、船内放送と混じり合って、さらに彼の声の荒っぽさが目立っていた。彼の叫ぶ声を聞きながら、旅行鞄を持ち島へ上がった。灯が次々とともりはじめ、暖かみを添えている。ここは小さな漁港で、防波堤の中にはたくさんのマグロ底引き網漁船がおり、上には様々な色合いの大漁旗がいっぱいにかかげられ、海の風にバタバタと気持ちのいい音を立てていた。

私は船から岸にかけられる橋を、手には旅行地図を持ち、前方を行く賑やかな人の群れについて渡った。道は突然とても賑やかになった。不思議ではない。こんな小さな島にいっぺんに船一隻分の人が来たのだから。聞けばこの島は冬になると出港する船が一日一隻もない日もあると言う。私の小さな旅館は望天荘といい、窓は海に向かって開いている。

「ごめんください。」

頭を低くしてのれんをくぐり建物に入る。中は雑貨屋になっていて、お菓子、乾物、飲み物など、日本のどこでも見られる小さな雑貨屋と何も変わらない。

「お待たせしました。」

老婦人が奥から顔を出し、一歩一歩近づいてきた。腰の曲がった老婦人だ。

「さっきの船で来たんでしょ？」

彼女はニコニコしながら聞いた。

「神戸から来た中国の方でしょ？先週に聞いていましたよ。」

「お世話になります。」

きっと手配を頼んだあの旅行社が前もってここに連絡したのだろう。私が中国人だから、とわざわざ言い含めたにちがいない。この小さな島からすれば、私のような異邦人はおそらく珍客になるのだろう。

「こういう島に来るのは初めてですか？」

「日本はすべて島です。初めてではないでしょう？」

彼女はこれを聞いて、ゆっくりと言った。

「やっぱり違うわね、中国は大きいから、言うことが違うわ。」

彼女は下駄箱からスリッパを出し私へ渡した。そして今夜か明日の早朝に、数十日間マグロ漁に出ていた船が帰ってくると言った。

「帰ってくるのを首を長くして待っていたのよ。」

こう言いながら、厨房へ、調理人に声をかけ、夕食の準備に行った。

私は注意深く小さな歩みで階段を上った。建物は木造で、歩み

が重いときしむ。二階にはほかには客はなかった。とても静かで、波の音しか聞こえない。窓の外は大海原だ。六畳間には、夜風にのって海の磯臭いにおいが充ち、かえって私の意識をはっきりさせる。浴衣に着替え、自分の手ぬぐいをもって建物の後ろ側の露天風呂へ行った。ここは多くても七、八人入れればいいところだ。

　熱気が立ち上り、温泉につかると、指先の皮膚にしわがより始め、汗が噴き出てきた。道中の疲れが心地よさにかわる。「ハー！」という大きなため息とともに、一人の老人が温泉に入ってきた。湯を浴びて、体を熱い風呂にうずめ、手ぬぐいを頭の上にのせた。熱気で目がぼやけ、老人の顔はよく見えない。

　「明日は晴れだな。」

　誰かと話しているようである。

　「ああ、今週はずっといいから。」

　別の粗い声が答えた。

　この時やっとその老人が船の上の老船乗りだとわかった。大汗を出しながら、私の方を振り向いた。

　「気持ちいいかい？」

　とても親しげな様子だ。

　「いつも船を下りたら温泉に入りに来るんですか？」

　「ああ、でも、今日は特別だ。」

彼は首を縮め、熱気の立ち上る温泉にじっとつかった。

「明日の午前中、海に出ていたトロール船が島に帰ってくるんだ。今年の夏は暖かいから、マグロの売値はあまり良くない。まったくたまらんな。」

「あなたも漁が出来ますか?」

私は彼に尋ねた。

「この島の男は誰でも出来るよ。俺は昔ケガをして、海に出られなくなった。もう年で動けなくなったしな。フェリーでこまごました仕事をするだけだ。」

「さっきの船でのかけ声は、相当大きかったですよ。」

彼は笑いだし、「海に出たことがある人間はみんなこうだよ」と続けて笑った。しかしすぐに顔はひきしまり、眼差しに一点の不安がさしこんだ。漁船が無事に帰ってくるかどうかということだけで心がいっぱいであるが、これはあと一晩待たなければはっきりしないことであって、彼にしてみればその時間は長くのろいのだ。私たちは一緒に風呂を出た。足の下で踏みつける敷石はもうさっき入ってきたときのようにやけどするほど熱くなかった。

母屋に入ると、老婦人が全神経を注いでテレビを見つめているのに出会った。画面は衛星天気図で、アナウンサーは「北西からの低気圧の影響で、今夜は曇り時々雨。大波の心配はありません」と

言っている。

「さあ、ここで食事してください。今夜は私たち二人だけなんですよ。」

老人がそばにあった椅子を私の前へ寄こした。

「どうぞ、遠くから来たお客様だから。」

私は夕食を断ろうと思っていた。彼らは漁船が帰ってくるのを待ち望み、焦りと、期待とで、座っていられないほど不安なはずだ。私がここでボーっとするのはどう考えても不適当だ。老婦人は私の方を振り向き聞いた。

「お兄ちゃん、ゆっくりつかったかい？疲れはとれたかい？」

「ありがとうございます。」

私は慌てて言った。

「とても気持ちよかったです。」

確かに、体の疲労感は溶けてしまったように、すっかり軽くなった。テーブルの上にはもう料理が並べられていた。老人はご飯の茶碗を持って口へご飯を押し込みながら言った。

「普段のご飯だよ。特別なものは何にもないけれど、どうぞ、どうぞ。」

私はずっと居心地の悪さを感じていた。祝い事がある時ならば、どさくさにまぎれて楽しめもするが、しかし今はこの二人の老人は

そんな気持ちではないだろう。

「おかまいなく、ゆっくり召し上がってください。部屋に戻りますから。」

老人は私の話が聞こえなかったかのように、ものも言わずに、みそ汁の椀を手にした。

「わしが小さい頃に、島の老人に聞いたんだが、中国では昔から風水を重んじて、天地を見て、その一年を判断したんだそうだね。」

私はすこし意外だった。「風水」の二文字を知る日本人はかなりの教育を受けているはずだ。というのも日本語には相当する言葉を見つけるのは非常に難しいからだ。彼は以前、中国史を学んだのかも知れない。

「そう言われています。でも大半は迷信でしょうけれど。」

続けて私は推測して言った。

「良い教育を受けられたのですね。」

老人は頭をあげて言った。

「いやいや、俺たち島の者は学なんか無い。漁しか出来ない。戦争の時、ここからも兵隊さんを送って、誰かが外から帰ってきてこの島の風水が良くないって、大きな災難に遭うって言ったんだ。はっきり覚えてる。」

「じいさんの言うことなんか聞かないでよ。風水が悪かろうが、

この人は島を離れられないんだから。」

老婦人はテレビを消して続けた。

「島の若い者もあんまり出ていかないよ。小さい頃から潮の匂いが染みついてるからね、この島から出ていけない運命なんだよ。」

「お子さんも島にいるんですか？」

私は聞いた。

「息子は漁師だ。もうすぐ帰るはずだ。」

老人が言っているのは明日朝に帰港する漁船のことだろう。息子さんも船の上で、帰りを待ち望んでいるのだ。民宿は依然ととても静かで、波が岸を打つリズミカルな音が聞こえてくる。まるで清水で篩の中の米をといでいるようだ。私はふと小声で「ここは本当に静かですね」と言った。老人は説明して言った。

「漁船が帰ってくる前の晩は島全体がとても静かになる、昔っからのならわし。」

この話を聞いて、私はますます自分がここで随分彼らの邪魔をしているように思えてきた。そこで、私は立ち上がって退散を告げた。

「すいませんでした。すっかり長いことお邪魔してしまいました。部屋に戻ります。」

老婦人は懸命にもうすこしゆっくりするように引き留めたが、私は本当にそうしたくなかった。最後に老人が、わしらの話を聞かさ

れるばかりで、何も食べてないだろうと言い、テーブルの上のおにぎりを入れ物に詰めてくれた。

「何にもないが、持っていって食べなさい。」

「今夜一晩お世話になりました。」

私は礼を言って、抜き足差し足で部屋に戻った。

夜風はすこし涼しくなったようだ。私は窓を半分閉めて、外を眺めた。漁港のまばらな街灯が海岸沿いの道路を明るく照らし、見ているとすこしもの寂しい。黒夜には人を不安にさせるような深い藍色が漂い、海の磯臭いにおいは依然昼間のように強烈で、私の目はすこしひりひりとし、おにぎりものどを通らなかった。この人口百八十人の小島が広大な大海原のなかの小さな存在だと思うと、言葉にならない寂しさに襲われ、私はさっきの老夫婦が一緒にいた光景を思い浮かべようとした。そうするとすこしずつ落ち着き、じきに眠りにおちたようだった。

朦朧としてどれだけの時間が過ぎたのかわからない。窓の外は騒々しく、時には騒がしい声は遠くから近くへ鳴るようで、私の聴覚世界でうなりを立てた。半睡眠状態でいうことをきかない脚を何とか伸ばし、無理矢理に両目を開けると、灯りが目を刺す。電気をつけたまま寝てしまったのだった。空はまだ暗い。私は灯りを消した。窓の外の賑やかな声にそって、私は灯りに強く照らされて

ようやく開いた目を漁港の方へ向けた——岩壁を灯りが明るく照らし、人の頭がひと所にかたまっている。漁船がちょうど何隻か港へ入ってくるところで、船上の人が跳び上がって手を振っている。船の灯りが輪を描いて岩壁を照らしだし、人々はみな船の灯りの光波を受けるたびに、潮のような歓声をあげた。夜の海と空は小さくなり、島民、車両、港へ入る船、それから電灯を明るくした民家がみな活気づいてきた。まるでまさにこの時、島全体がやっと自分の役割に入り始めたかのようだった。私は目の前の雰囲気に感化され、丹前をひっかけると、下りていった。

　人波にはさまれて岸辺へ向かう。みなあっちからもこっちからも声をかけあっている。

　「今回の船はあんまり獲れなかったな。」

　「景気の悪い話ばかりするなよ。今回は随分でかいマグロを獲ったって言うじゃないか、珍しいよ。」

　「大きいのが取れたからって豊漁とは限らないべや。」

　「もういいだろう。みんな帰ってきて、何事もなくて何よりだ。」

　彼らは私の周りで休まず話し続け、足音は忙しく取り乱れて、ここが小さな島だということを私に忘れさせる。パレードの中を進んでいるようだった。

　船は魚を下ろし始めた。岸のクレーンが円滑にその頭を動かし始

めた。船員たちは平均二メートル以上はあるマグロを搬出し、クレーンの先鈎で大口の魚の上あごに突き刺す。ゴーゴーと音を立てながら、マグロの魚体をすべて空中までぶら下げ一回振り回すと、魚の血がクレーンにそって流れてきた。人々が静かになった。船員たちの動作は手慣れていたので荷下ろしが慌しいと感じはしなかった。岸から十数メートルと離れていない場所に製氷工場があり、工場の建物のてっぺんの小型の製氷塔から直径約十センチの金属管が直接下に並べられた木製の大箱に向かっていて、一匹ずつマグロが入れられるのを待って氷塊をいっぱいに詰め込み鮮度を保つ。今日こここの大部分の魚は島の外へ運ぶ物らしかった。魚を吊り上げてもそのまま木箱に運ばず、一尾一尾整然と岸辺に並べられる。

この時、クレーン車の運転手が頭を伸ばして、ちょうど吊り上げようとしているマグロを指して必死に何かを言った。彼が指す方を見ると、少なくとも四メートル以上はありそうな特大のマグロが吊り鈎にかかっていた。上あごが掛けられた吊り鈎はクレーン車に上へとゆっくり吊り上げられ、鮮血が吊り鈎と魚の歯の接合した中から滴り始め、この滴った血は岸の人が地面に魚を仰向けに置いた時になってやっと徐々に止まった。

人々はなおもとても静かだ。マグロは地面で動かず、魚体から流れ落ちる海水にはすでに血が混ざっていた。人々は黙りこくって立

ちつくし、視線はこの最大のマグロに向けられていた。船長らしき人が魚の周りをゆっくりと一回りした。それから、彼は魚の頭部に立ち、身をかがめ、両手で魚の両方の頬を支え、舌でマグロの目をなめた。続けて、みな一人一人同じ行動を取り、あの二つの海水に浸った目をなめた。

この目の前の光景、この突然に出現した荘重な儀式は、一瞬にして私のこの島への親近感を遠くへと隔てた。私が読んだ本のどれもこの島にこのような時刻が存在すると教えてくれはしなかったし、死んでからもマグロの目があのようにきらきら輝いていると誰かが言ったのを聞いたこともなかった。まさか今夜わきあがる声の騒がしさに目を覚ませられたこと自体がなんらかの予言であったとは言えまい。あの老船乗り、民宿の老婦人、静かに落ち着いた漁の島の夜風はまるではるか遠いところへ行ってしまったかのようだった。目の前の沸き立つ群衆を見た今、この島に上がった時の安らかな静けさを心に取り戻すすべはなかった。

民宿の老婦人がマグロに近づいた。彼女は懐に赤ちゃんを抱き、後ろに若い女性を従えていた。きっと息子さんのお嫁さんなのだろう。船に乗っている息子も帰ってきたのだ。老婦人とその若い女性は二人で赤ん坊を抱き上げ、マグロの目に近づけ、赤ん坊もこの儀式に加えようと考えていた。私は彼女たちの後ろの方から見てい

た。あのマグロの目は何と赤ん坊の頭よりも一回り大きく、きらきら光り、マグロに永遠にじっと見つめられて離してもらえないような錯覚にとらわれる。

　私は茫然として、頭の中にはただ「天売島」の文字だけが浮かんだ。

　……

　一説では、舌で物をなめるのは日本の先住民族アイヌ人が感情を表現するのに最もよく用いる方法とのことだ。

蝉の舞

　1988年夏、私は東京へ丸山圭三郎先生を訪ねた。

　当時、私は三重大学で学んでおり、東京からは少なくとも四百キロは離れていた。知った人もなく、土地もよくわからず、また日本に来たばかりだったので、それまで東京へ出かけたことはなかった。

　丸山先生を訪ねようと決心したのには訳がある。北京で哲学を探究していた頃、記号論について研究しており、『読書』へ文章を書くために調べものをしているときに丸山先生の著作に出会ったことだ。先生はもともとフランス文学を学び、後に言語哲学の研究に

没頭された方だが、記号論について提起した視点はきわめて独特のもので、非常に興味をおぼえた。しかし、三重大学で私の受けていた講義は記号論とあまり接点がなかった。そこで、東京の中央大学へ手紙を書き、封筒には直接「丸山圭三郎教授殿」と書いた。内容は先生の思想へのちょっとした見方などを記した拙文だった。ほどなく、先生は返事をくださり、機会があれば東京にてじかに話がしたいと書いてあった。

　これ以外にも、もう一つ理由はある。それは楊昭君の強い勧めである。彼は北京大学時代の同級生で、私よりも先に日本に来て、東京に落ち着き、彼曰く、東京については北京よりも詳しいぐらいだと。実のところ、私は日本に来る前、哲学研究に打ち込んでおり、出国して造詣を深めようという考えは持っておらず、退却の太鼓を鳴らして、一度は東京へ来る機会を断ったという経緯がある。それ以来、楊君は日本から絶えず手紙を寄こし、終始一貫私を煽り、私のような人間が世の中に出て人の「天地」を見てみるのは絶対にプラスにこそなれ、マイナスにはならないと説いた。彼の説得は私に影響を及ぼし、とうとう私は日本へやってきたというわけだ。

　その彼が、東京に来るなら番地さえわかっていればどんな場所でも問題なく案内してやると言う。そこで、丸山先生に連絡を取り、

楊君へ時間を伝え、東京駅で待ち合わせて一緒に行くようにだんどりをつけ、やっと丸山先生のお宅を訪れることになった。

先生のお宅は世田谷区にあり、環境はとても閑静で、都市の喧噪もここまで聞こえない。炎熱の夏は活動するのもおっくうなのか、通りには人影が少ない。楊君は素早くかつ正確に道を見分け、私たちは回り道することなく、番地に従って先生のお宅を見つけた。

先生は私たちを見てとても喜ばれ、暑いので、早く中に入るようにと言ってくださった。お宅の低い門をくぐると細い石の路があり、一歩踏み出すと、地面の熱気を感じた。この時、私は蝉の声が絶えないのに気が付いた。よく聞くと、鳴き声はまるで空中に半分浮いているようだった。とりたてて驚いたり不思議に思ったりするほどのことではない。しかし東京の賑やかな市街を通った後にこの庭に入ると、ここの静けさが逆に蝉の声の賑やかさを際だたせる。

「ジジ、ジジ、ジジジジ……」

思わず歩みを止め、中庭の周りの緑樹を見て、丸山先生にうかがう。

「蝉の声がどうしてこんなに多いのでしょうか？」

「この辺一帯にある木が、糖分を多く含んでいるらしい。でもいまだにその木が何という木なのか知らないんですよ。蝉は甘いものが好きだから夏になると、とてもたくさん来ますよ。暑くなればな

るほど、たくさん来ます。」

　丸山先生はそう説明しながら、手を挙げて周りを指された。確かに、一本一本の緑樹が、大きさは違うが、小さな路の両側に不規則に育っていて、枝には小さくて可愛らしい白い花をつけ、濃い木陰をつくり、涼しくて気持ちよさそうだ。

　私はまた聞く。

　「気温が高いと、蝉の声もこんなに大きい。ということは気温が低いと、蝉の声も小さくなりますか?」

　「蝉の声が大きいか小さいかは、一匹の蝉を見るだけではだめで、蝉の数を見る必要があるんだよ。今のようにこんなに暑いと、木の上の蝉は多くなり、よって声も多くなり、蝉の鳴き声は自然に大きくなる。」

　先生は言い終わると、私たちを客間へと招き入れた。座るとすぐに、先生は「蝉の鳴き声は中国語で何と言いますか?」と尋ねられた。

　「知了。」

　私は答えた。横に座った楊君が「知了」の二文字を書いて、その上に拼音で発音を書き添え、丸山先生に「簡単に説明すると、中国語のセミは知るという意味を持っています」と告げた。それを聞いて先生は大笑いし、それからすばらしいとうなり、日本語の擬声語

は音を表すだけで、第二の意味を含まない、中国語の表現力にはかなわないと言った。こうして私たちは雑談した。蝉の鳴き声をまねたときの先生の表情はとても無邪気で、その天真さは一目でこの教授の童心を見て取れるものだった。先生は両手で口元を覆い、頭を軽く上へ仰ぎ、目を細めて窓の外の緑樹へひとしきり「チジチジ、チジチジ……」という発音を送った。一度発音するごとに、頭を後ろへ動かし、蝉を驚かすのをひどく怖がり、それからまた一度発音し、頭をまた前へ出す。まるで蝉に近づこうとするようで、視線を集中させる。先生は独り言のように、また私たちへ言うように「蝉の声のない夏なんて想像できないな」と言われた。

　蝉の話題から始まって、たくさんのことを話した。先生は日本の学界で「丸山理論」と呼ばれるものの基本内容、ならびに先生がフランス文学からソシュール言語記号学へ転向した個人的理由を紹介された。また中国大陸の一部の人が研究している現代西洋の記号学に対して、すこぶる驚きを感じている、ともおっしゃった。私は先生に「現今の中国の青年研究者は新しい思想潮流に対して過去の如何なる時期よりも敏感で、なおかつ、よく探究琢磨していると言った。機会があれば、中国へ行ってご覧になるべきです」とも言った。先生は賛同された。

　「いつも西洋ばかり見ていてはいけない。東洋を理解すべきだ。

これからは一つの思想として全体を扱い、東洋の思想を通じて再び西洋を見る。」

　先生は、今後は積極的に中国を理解する必要があると言われた。

　別れる時、先生は私たちに新作『生命と過剰』（河出書房新社、一九八八年刊）をくださった。さっき門を入ったと同じように、先生はまた私たちを庭を通って門まで送ってくださった。この時、「聞いてごらん、蝉の声は休まないで、ずっと歌っているよ」と言われた。

　私たちはふと歩みを止め、耳を傾けてよく聞いた。

　蝉の声は潮のように、そよ風にのって漂って来て、どよめきの中心から絶え間なく一種のリズムが伝わり出ていた。私は来たときよりもさらに盛夏の蝉の鳴き声の風情を会得した。先生と話をした後で、私のこの感覚はまるで前よりもとぎすまされたような気がした。緑樹に響く蝉の声を聞いていると、先生が小声で一言おっしゃった。

　「可哀そうに。歌うだけで舞うことは出来ない。」

　時は流れ、あっという間に七年が過ぎた。丸山先生は急にこの世を去ってしまわれた。

　今年の夏はまた酷暑で、カンカン照りが数日間も続き、気温が下

がらない。屋内の空調は懸命に回り、エアコンが止まると、汗がしたたり落ちること請け合いだ。テレビでは今年の日本の夏期電力消費量は過去最高だと言っている。

お盆休みで会社は休みになり、私はこの数日間、集中して、家で執筆に没頭した。窓の外は依然として無数の蝉の声だ。この一帯の木はまだ若木ばかりで大きくも高くもないが、蝉の声はまるで多くて密な木の葉に遮られないかのように、直接に空気中から飛び出してきて、軽やかで明るい鳴き声を発していた。

「ジジ、ジジ、ジジ」

「ジジ、ジジ、ジジ」

夏にはこの声はおなじみだ。蝉の声の遠近、大小、その音量音質にかかわりなく、蝉の声はもう私たちの周りに一種の情緒を様々にかもしている。蝉の声をたくさん聞くほど、この情緒もまた濃くなる。

夜の暑さは最も耐え難い。エアコンをつけっぱなしにして眠るとすぐ風邪を引き、翌朝起きると頭が痛くなっている。そこで、夜には二時間後に自動的に停止するようタイマーをかけて休む。こうすると、安心して眠りにつけるのだ。

こうやって数日、夜の暑さをしのいでいたが、真夜中になると、ベランダの網戸がいつも何ものかにたたかれて「パタパタ」と怪し

い音がするのに気付いた。初めは気にしていなかったが、毎晩こうなので、結局騒がしさに目が覚める。これはいけない、措置を講じなければ！

　そこで、私は自分を励まし、深夜あの怪しい音がするのを待って、待って、待った。設定しておいたエアコンが停まった。ほどなく、「パタパタ、パタパタ」というあの怪しい音がまた網戸にぶつかり始めた。どうも、この音はエアコンが停まるのと関係があるようだ。私はそっとベランダに近づいた。そのぶつかる音はさらに激しくなった。まるで人が来るのをまったく恐れていないとでもいうように。灯りがなく真っ暗なので、私は網戸の上の物がはっきり見えず、ただ一団の黒い影が跳び上がったり跳び下りたりしているのだけ分かった。そこでリビングの入り口まで退き、素早くベランダの灯りをつけた。ベランダは一気に明るくなり、私は急いで前へ二歩進み出て、正体を見ようとした。このとき、あの物体はもう網戸にぶつからず、ベランダの網戸の上でへばりついて微動だにせず、逃げ出すそぶりもなかった。

　それは一匹の蝉だった。急いで近寄りよく観察した。蝉の顔は飾り気がなく、目は巨大で、頭は真っ黒で古代の鉄兜のよう、両羽はしっかりと閉じて、少し震え、脚は懸命に網戸にはりつき、腹胸の間の笛は吹き鳴らされていなかった。それはとても静かで、少な

くとも私より静かで、私を待つかのように、その力を奮った精神が悲哀に凝り固まってしまったかのようだった。

私はじっとそれを見つめ、なんで蝉が網戸にぶつかったかを推量した。

頭をあげてエアコンを一目見ると、エアコンは分体式で、屋内の部分は冷風を送り、屋外の部分は熱気を散じていた。そこで、ベランダの散熱器を見ると、その二十四インチの薄型テレビほどの大きさの平面に、数匹の蝉が放熱面の囲いにはいつくばり、網戸の蝉と同じように、一声も鳴かず、何かを待っているようだった。私はとうとうわかった。蝉が放熱器にへばりついているのは風が吹くのが気持ち良いからだ。

これは酷暑に迫られて智恵をつけたのか、それとも大地震の後で生物界に異常が起こったのか？それ以上深く考えるまでもなく、網戸の蝉の意図は分かった。この蝉は私を呼んで仲間のために風を送るよう頼んでいるに違いない。彼が私をみる眼差しはこう言っていると固く信じた。

そこで、私はエアコンをまたつけてみた。ほどなく、網戸のあの蝉は空へ飛び立ち、案の定放熱器へ飛び戻った。この時、不思議な光景が目の前で繰り広げられた……

放熱器の扇風機が回るのに従い、囲いにへばりついた蝉が一匹ま

た一匹と一列縦隊に並んだ。一対の羽が灯りに照らされてきらきら光り、脚はスチール針のよう、頭の色は鉄にとけ込んだようで、胸腔の灰色のまだらはピンクのかたまりを呈し、目を地球儀のように回転させた。「ジジ、ジジジジ、ジジ……」蝉はそろって鳴き、同時にみな一緒に歩き回り、羽を広げた。時には全身を激しく震わせ、喜びに小躍りし、時には軽くわずかに頭を揺らせ、柔らかく這う。蝉の隊列は整然とし、どの蝉もみな隊形を乱さぬように保ち、しかし各々飛び跳ねる姿勢は気ままで、自由なもので、彼らの飛び方は豪放で、洒脱で、抒情的で……

夏の夜はこれほど美しく、蝉の声もまた私を楽しませ傾聴させる。

美しい蝉も天国の丸山先生のためにひらひらと小躍りせよ！

明石鳥人

私の家はJR舞子駅からそう遠くなく、車なら１５分あれば着く。神戸に引っ越してきてから、妻とよく駅の海側の喫茶店に出かけた。ここによく通ったのは明石大橋を見るためで、さらに正確に言うならば、大橋のスチールワイヤーを替えてやぐらを設ける架橋工の姿を見るためだった。彼らの施工現場は、雲を突くようにそび

える二棟の柱塔の間で、時には雲霧がてっぺんを隠し、架橋工は空中に隠れたり現れたりしていた。故に架橋工は「バードマン」という愛称を得ているのだ。

大橋は明石海峡に跨り、神戸と淡路島をつなぎ、二年後に開通すれば世界最長の大型吊り橋となる。喫茶店はちょうど大橋の北端の沿岸に位置し、窓から外を眺めると、巨大な鋼鉄橋が目に飛び込んできて、まっすぐに対岸を指している。晴れた日には、対岸のクレーンもはっきり見え、景色を一望するには特等席だ。私はこの店で架橋工を「バードマン」と呼ぶと初めて知った。

私たちが店内でコーヒーを飲んでいると、安全帽をかぶり緑色の作業服を着た若者が入ってきた。顔には泥が付き、襟のすみにはセメントの跡があり、彼が大橋の工事現場からやって来たのが見て取れた。たぶん休憩時間にコーヒーを飲みに来たのだろう。

私がこう推測していると、妻が突然外を見るようにと言った。カモメの群れが店の入り口の辺りを低空飛行していた。純白の翼が弧を描き、とても優美だ。もちろん、この時にはカモメと青年がどんな関係なのかまったく想像もつかなかった。

しかし彼がコーヒーを飲み終わり店を出る時になって、カモメの群れは突然空に舞い上がり、彼の頭のてっぺんに近づいて飛び、彼と一緒になって進んだ。さっきのカモメは彼を待つために喫茶店の

前を旋回していたのだ。なんと不思議なことだろう。私と妻は向き合ったまま言葉もなく、長いこと、すっかりこの不思議に驚いてぼんやりしていた。

コーヒーを飲み終わって、お金を払って出ようかという時、妻がこらえきれずに店員に尋ねた。

「カモメは人が分かるんですか?」

「分かりますよ。彼はバードマンです。ワイヤーロープの下のやぐらを組むのに、いつも半分空中で働いていますから。」

店員は親切に教えてくれた。

「吊り橋は難しい仕事で、柱塔の間のワイヤーロープで連結するのが最適なんです。ワイヤーロープの下にやぐらを据え付けるのは特に難しくて、バードマンが高い場所で作業するのに熟練しているのには、カモメでさえ驚くんです。海の上空には、時には曇ったり霧が出たりで、バードマンの動きは自然とカモメの好奇心を引きつけます。長くなると、顔見知りになって食べ物をやったり声をかけたりするので、いつも休憩時間になると、カモメも彼らについて飛んで来るんですよ。」

店員はこの話をする間ずっとにこにこしており、この笑顔は疑いなく内心の喜悦だった。

ドアを開けて店を出た。私たちは急いでさっきの若者を探した。

ほどなく、私たちは彼を見つけた。彼はちょうど大橋の工事現場に着き、ワイヤーロープのやぐらに戻るところだった。群れを成したカモメは喜びの声を上げて舞い飛び、彼から離れず、まるで彼を取り囲んで空に昇ろうとするかのようだった。

今日も、妻と私はこの喫茶店に座り、大橋を眺め、空を舞うカモメを探している。なぜならカモメの足下にはきっと奮闘している明石のバードマンがいるのだから。

開花予報

毎年桜の季節が近づくと、日本では様々な形で開花予報をし、桜の花がいつ頃開くかを予測する。ラジオやテレビだけでなく、新聞にも毎日のように、桜の記事や、桜に関する詩歌、俳句、随筆が紙面を飾り、まるでこの季節がきて桜を語らないのは野暮だとでも言うように、春うららかに花開くのを待ち、心騒ぐ雰囲気をかきたてる。買い物客に開花日をあてさせる賞品つきキャンペーンを行う商店も見られ、応募者は何月何日に咲くかまで正確にあてなければいけない。

聞くところによると、予想を的中させるのは大半が老庭師で、毎

年桜の木を育て、枝を切り、花のつぼみの大小を見て、その分量をみつもっていると、だいたいの所を推量できるようになり、また十中八九狂いがないという。

　しかし、今年の日本の開花予報は変わった。人々はもう庭師の話をきこうとはぜず、経験豊富な庭師にさえ訊ねる者はない。というのもコンピューターを使って気象と桜の開花に関する過去のデータを分析し、開花日を予報するだけでなく、開花時間が午前か午後かさえも、たなごころを指すようにはっきり出そうというのだから、信じない人はない。冷たいコンピューターはなんといっても原理のよくわからない摩訶不思議なものなので、信奉者を集めるのも無理はない。開花予報がコンピューターによるデータ処理の結果に変ってしまったのは明らかだ。

　しかし、私自身は浜島老人と知り合ってから、この考えを捨てた。老人は庭師で、私のお隣さんだ。矍鑠として、毎日徒歩で行き、今でも車に乗るのを好まない。彼が庭師になってすでに六十年。京都東山の枝垂れ桜、大阪造幣局の通り抜け。至る所に彼が精魂を込めて植えた桜の木がある。彼はいつも私に言う。

　「桜の花の寿命は短い。一年で多くて四五日、残りの日はすべて樹ばかり、花がない。」

　三月中旬、彼はいつもより早く家を出るようになる。これは新

聞配達の少年が新聞を持ってくる時間と同じ時刻だ。門の外でまず

朝刊が郵便受けに落ちる音がして、それから浜島老人が戸を開けて

家を出て、小声で新聞配達の少年に「おはよう」とあいさつする。

私は元々早く起きて読書する習慣があり、早朝の様子は何とい

うことなしに聞こえてくる。ある日私は老人に、こんなに早く家を

出て何をしているのか尋ねた。

彼は言った。

「桜の木に霜が降りていないかみているんだよ。」

「霜が降りるとどうなるのですか。」

「桜の木はもろい。寒さに弱く、春を待ってはじめて花を咲か

せる。」

少しして彼はまた私に告げた。

「ちょっと寒くなると、桜の木は縮むんじゃ。」

「どうして分かるんですか。」

「木をなでるんじゃよ。６０年もさわっていると、手が温度計の

ようなもので、桜の木の体温をずっと計ってきたから、あと何日で

花が開くか、体が覚えているんです。」

言い終わると、老人は満面の笑みを浮かべた。

彼の話を聞いてから、私も試しに桜の木をさわってみた。手で

触れた木はまるで冷蔵庫から出したばかりの冷たい柿のようで、す

がすがしい。

「私も昔は君と一緒で、桜の木がわからなかった」と老人はそう言いながら、手を広げた。手のひらは老樹の曲がりくねった根のようで、しわが網の目のように広がっている。彼は続けた。

「桜が開くときは木全体が暖かくなる。その熱気は樹心から吹き出すもので、時には火のように感じるし、時にはまた人の脈拍のようにも感じられ、どくどくと脈うっているのがわかるのです。」

「夏場あんなに暑いのに、桜の木は熱くないのですか？」

「熱くないさ。桜が熱いのは春、花が咲くときだけなんだ。」

浜島老人はこのように桜を理解できること、しかもそれが人々に開花の日を教えるためではないというのは、私にとって意外なことだった。老人は普段は言葉少なく寡黙で、口数が多いのは恐らく春だけだ。知人に会うごとに「花は見ましたか」と問うのが、彼のこの季節の挨拶になっていた。その一日がくるのを待ちながら、彼が朝夕の時候の挨拶をするとき、それはきっと桜が散っていた。久しく隣国に居住し、浜島老人と長年隣人でいるうちに、私は自然に花開き花散る時の彼の変化を察知できるようになった。

私は思う。それが何なのか、はっきりしないが、ただ今年のコンピューターによる開花予報は、本当にいささか金属臭があり、違和感をおぼえる。いったいどうやって浜島老人と比べるというのか。

長年、桜に心をくばり愛着を持ち続けたからこそ、老人の体温は桜の木と通じ合うことができ、一種の融合にまで達することができたのだ。

桜は幹を通して、開花予報を浜島老人に伝え、彼は大声を出して人に言いふらすことも、あちこちで開花日を喧伝することもない。しかし彼が感じる幸福はあるいはわれわれには想像もつかないものであるだろう。さきほど彼が桜の木を撫でたときの満面の喜色はとりわけ私の心を動かしたのだった。

当然、コンピューターは正確無比で、データにしろ演算にしろ、すべて精確なものである。しかしそれでは浜島老人の幸福をおそらくホンのひとかけらさえも体得することはできない。

私が浜島老人に今年の開花予報は変わるらしいと告げたとき、彼はこう一言いった。

「桜の花は私の心に咲いている」と。

防府駅の落葉

独り異郷の客となると、時には遠出をし、親しい友人を訪ねてみたくなる。

こんな思いになるたび、私は秋を選んできた。日本は山が多いため、秋風が葉をかすめ、金色の光が澄み輝き、爽快な気分にさせてくれる。

神戸から車を走らせ、フェリーで博多港へ渡り、さらに車で山口県へ向かう。友人の家は山里にあるため道路は険しく、ほとんどがいわゆる峠道で、急カーブが続き、運転するには危ないので、電車に乗り換えてくるようにと勧められた。そこで、彼の勧めに従って防府市外の小さな駅から列車に乗ることにした。

それは小さな駅で、田舎らしく単線になっており、対向列車が来ると行き違うまで待たなければならない。それに、村へ向かう列車は本数も少なく、「智取威虎山」の小さな汽車と大差ない。防府は七世紀には早くも要塞があり、瀬戸内海に面した当時の小国の国府だったそうだ。九州へ派遣される兵士の任期は一応三年とはいうものの、しばしば延長され、中には親や妻子に二度と会えない者もあった。歴史上これらの兵士を「防人」と呼ぶが、さぞや悲壮であったことだろう。しかし、当時の飛鳥時代には、これら地方諸国の軍隊の兵力はわずか五百人余りだったというから、戦争と言ってもさしたる規模ではなかったに違いない。

日本は他国に比べ内戦の少ない国なのだ。

防府駅の周囲はなにもなく、大きな建物もない。駅からそう遠

くないところに十字路があるが、信号機さえなかった。通行する車両も少なく人通りもまれなので、信号があろうがなかろうが東京や大阪のようにさして重要なこともないのだろう。私は駅前の自動券売機の前に行き、目的地までの料金を顔を上げて探した。四百七十円だ。ポケットからお金を取り出そうとした。その結果、私は自分の財布の中に一万円札しかないのに気付いた。この券売機は千円札までしか使えない。致し方ない。どこかで小銭にくずしてもらうとしよう。

駅の入り口には窓口があり、真っ昼間というのに電気がつけっぱなしで、誰もいなかった。周りには私以外の乗客も見あたらず、駅員の影もない。ホームの列車は都合のよいことにまだ発車しそうもない。車両は黙って整列し、静かさをかもし出していた。

「すいませーん。両替してください」と、私は大声で叫んだ。

誰も答えない。ただ風の音が耳もとをすぎ、屋根の上から木の葉がひらひらと地面に舞い落ちて、軽い土埃をたてる。秋風が防府駅で一番忙しい乗客なのだろうか?ひとしきりたって、慌しい声が近づいてきた。

「お待たせしました。どうもお待たせしました。」

中年の駅員が駅舎の中から走り出てきた。右手にはほうきを持ち、ほうきの先を地面から半尺ほどもちあげ、額には汗がにじんでい

た。私はこれを見て、もう大声を出さなかった。お金を渡しながら、

「小銭にくずしてください、切符を買うんです。」と言った。

彼はお金を受け取ると、仕事机の上の金庫を開けた。中身をひっくり返した。その顔には困惑の色が浮かんでいた。

「ああ、ここも小銭がないですね。」

彼は頭を上げて慌てて言った。

「ちょっとお待ちください。そこまで走って替えてきますから。」

私は頷いた。自然とそれ以上催促するのが申し訳なかった。しかし彼が走り去って駅から出た間に、列車はピーッと鋭い音を立て動きだそうとした。これには慌てた。彼が両替してくるこの何分かの間に列車が出てしまったらまずいことになる。もともと少ない本数なのに、これを逃したらいったいどれだけ時間を無駄にするやら。

不幸にも、私が心配したとおりになった。待っても待っても彼は戻って来ず、彼がようやく戻ってきた頃には列車はとうに出発していた。

「どうしてくれるんですか！」

私は大声で駅員を詰問した。

「列車が出てしまったじゃないですか。見えなかったんですか。」

彼は息を切らして荒い息をしていた。それが走って来たからなのか、乗客の乗車時間に遅れた後ろめたさを感じているからなのか

はわからなかったが。私は心底腹を立てており、彼を罵りたい気持ちでいっぱいだった。しかし大汗をかいてつらそうな彼の様子を見ると、口をついて出そうな罵詈雑言も飲み込むしかなかった。彼は替えてきたお金を両手でうやうやしく私に差し出したが、その眼差しにはお詫びの意が満ちあふれ、ひたすら私に頭をさげた。

「昼間は人が少ないし、店も遠いから、両替するにも時間がかかって。本当に申し訳ありません。申し訳ありませんでした。」

私は無言でお金を受け取ると、身を翻して券売機で切符を買った。心の中ではもう、これもいいか、ここに残って秋風を友にして次の列車を待とうか、という気になっていた。仕方がない。

人影のないプラットホームへ進んだ。その間、さきほどの駅員はずっと私に注目していた。私の目は彼の過ちをおかした顔を映し出していた。彼は私と話をしたそうなそぶりだった。おそらく、この物寂しい駅で列車を待つ私が退屈だろうと心配したのだろう。元はと言えば彼の過失だから、よけいに気が咎めているのだ。彼の眼差しは少なくともこのように私に告げていた。

私は気落ちしており、彼とは話をしたくなかった。しょせん彼は私に不必要な時間を費やさせ、「小さな汽車」の待ちぼうけを食わせたのだ。私はプラットホームに日当たりの良い場所を探し、ひなたぼっこを楽しむことにした。駅員はまたほうきを持ち、彼がさっ

きしていた仕事を再び始めた。プラットホームの上の落ち葉を掃除していたのだ。

　プラットホームには屋根がなく、天を突く大樹が駅の外から張り出していて、秋風が吹くと木の葉は、長い間宙を舞って、滑り落ち、不規則に地面に舞い落ちる。彼がまだ掃いていない場所は、落ち葉が山になっていて、彼が一掃きすると、落ち葉は意外にも均一に散らばった。ぼうぼうと乱れているさまには秩序があり、プラットホームを絵で飾りつけるようだった。

　私はいぶかしく思った。一体彼は何でちりとりも持たずに落ち葉を掃き、そして落ち葉を掃きならした状態でやめているのか。彼はものも言わず、黙って落ち葉を掃き続けている。プラットホームにはわれわれ二人きりだ。彼は動いている。手足はリズミカルに移動している。私は静かにしている。元の所に立ち、穏やかな日差しを浴びている。それから落ち葉。これも彼と共に移動し、高く舞い上がっているのもある。

　とうとう列車がやって来た。乗りこもうとした時、彼がこちらに向かって走ってくるのが見えた。小さな封筒を差し出して、ねんごろに述べた。

　「お客様、私の不注意から大変申し訳ないことをしました。」

　言葉を返す間もなく、列車はゆっくりと動き始めた。窓の外を見

ると、彼は微笑み、きびすを返すとまたほうきを手にした。列車は走っている。すこし走ってから、私はさっきのプラットホームの掃きならされた落ち葉が掃かれるごとにますます光に照り映え、人を陶酔させていたことに思い至った。秋の落ち葉はちょうどひと塊りの火に似て、太陽の光芒の中でまるでプラットホームに美しい金の絨毯を広げたようだった。

　この時、私はようやく悟った。駅員は毎日列車に乗る人が落ち葉のきらめきを見られるように、日に数本の少ない列車のため、黙々と掃き、落ち葉をならしてその最後の美を見せようとしているのだと。

　ここまで思って、急いで封筒を開けた。なかには四百七十円分の硬貨と一枚の黄金色の落ち葉だけが入っていた。

　そして封筒の裏側には大きな字で書かれていた。

　防人　SAKIMORI!

附录　第❶部分参考答案

第1课　两位作家的相遇

Step1　①最中　②なり　③かもしれない　④らしい　⑤にしろ
　　　　⑥はず　⑦という

Step2　1.　①彼は合格者のリストに自分の名前を発見するなり、跳び
　　　　　　上がって大声をあげた。

　　　　　②勤め先が小さい会社であるにしろ、社員は就業規則を守
　　　　　　らなければならない。

　　　　　③電話している最中に誰かが玄関に来た。

　　　　　④ヤンさんは今日本にはいないらしい。メールを送ったけ
　　　　　　ど返事が来ません。

　　　　2.　①家から学校まで歩いて 15 分かかります。

　　　　　②デパートへ買い物に行きます。

　　　　　③明日はいい天気らしい。

　　　　　④明日雪が降るかもしれない。

　　　　　⑤強そうに見える人にしても、心に弱いところがあるはずだ。

　　　　　⑥『三体』は刘慈欣という中国の作家によって書かれました。

　　　　　⑦子供は母親の顔を見るなり、ワッと泣き出しました。

⑧忙しい最中に、友達が来ました。

⑨この薬を飲めば病気は治るはずだ。

第 2 课　赏樱记

Step1　①といえば　②おかげ　③につれ　④に過ぎない　⑤せい

　　　　⑥はともあれ

Step2　1.　①鈴木さんが急に休んだせいで、今日は 3 時間も残業しな

　　　　　　ければならなかった。

　　　　　②彼が手伝ってくれたおかげで、仕事がだいぶ早く終わった。

　　　　　③能力はともあれ、あんな年では勤まらない。

　　　　　④産業の発達につれ、環境の汚染が問題になってきた。

　　　　　⑤李さんといえば、卒業以来、会ったことがない。

　　　　　⑥私は無名の一市民に過ぎないが、この事件について強く

　　　　　　抗議します。

　　　　2.　①日本といえば、私は桜を連想します。

　　　　　②母は「風邪を引かないのは、毎朝ジョギングしているお

　　　　　　かげだ」とよく言っている。

　　　　　③時代の発展につれ、結婚の形も変わってきた。

　　　　　④彼はただ父親が有名であるに過ぎない。（彼に）実力が

　　　　　　あるのではない。

　　　　　⑤原料が安いせいか、この製品は値段が安い。

　　　　　⑥夏はともあれ、冬はつらい。

第3課 尋访专修寺

Step1 ①ようになった ②とともに ③ような ④かたわら

Step2 1. ①品質がよくなるとともに、値段が高くなる。

②母もやっとパソコンが使えるようになって、よろこんでいる。

③風邪を引いた時は、みかんのようなビタミンCを多く含む果物を食べるといい。

④家にいた時、勉強のかたわら、家事を手伝っていました。

2. ①来月からこの駅にも急行が止まるようになります。

②気温が高くなるとともに、次々と桜が咲き始める。

③私はサッカーやバスケットボールのような、みんなでするスポーツが好きです。

④彼女は会社勤めのかたわら、ボランティア活動にも積極的に取り組んでいます。

第4課 专修寺清晨

Step1 ①ごとく ②よう ③にとって ④に違いない ⑤にそって

Step2 1. ①（父から息子への手紙）前回の手紙に書いたごとく、私も来年は定年だ。

②森さんは今日元気がないようでした。何か心配なことがあるのでしょうか。

③現代人にとって、ゴミをどう処理するかは大きな問題です。

④彼は何も言わなかったが、表情から見て、本当のことを

知っていたに違いない。

⑤創立者の教育方針にそって年間の学習計画を立てています。

2. ①宇宙が無限であるごとく、人の想像力も無限だ。

②玄関のベルが鳴ったようだ。

③私にとって、犬は家族のような存在だ。

④李さんは旅行に行っているに違いない。何回電話しても
出ない。

⑤この街にそって立派なホテルやデパートが並んでいる。

第5課　日本缩影——末班车

Step1　①にしても　②ことか　③わけだ　④終わろうとしています

Step2　1. ①いくら忙しいにしても

②たとえどこで生活するにしても

③どんなに素晴らしいことか

④会いたかったことか

⑤日本語が上手なわけです

⑥授業が始まろうとしている時

2. ①たった3日間の旅行にしても、準備は必要だ。

②学生時代、奨学金がもらえてどれほど助かったことか。

③食べ物があると食べてしまう。太るわけだ。

④3年間かかった小説がまもなく完成しようとしている。

第6课　不可思议的蔬菜店

Step1　①じゃあるまいし　②ようがない　③読まずにはいられない

Step2　1.　①子供じゃあるまいし

②連絡しようがない

③私は心配で病院に行かずにはいられなかった

2.　①子供じゃあるまいし、もう少し冷静に話し合うべきだ。

②あの人の電話番号もわからないので、連絡のしようがあ

りません。

③お腹が痛くて声を出さずにはいられなかった。

第7课　卖天岛上的金枪鱼

Step1　①をもって　②たばかり　③てみて

Step2　1.　①彼の能力をもってすれば

②昼ご飯を食べたばかりで

③ぜひ一度行ってみたいと思っています

2.　①自信をもって、頑張っていきましょう。

②日本にきたばかりのころは、日本語が全然わからな

かった。

③この新しいボールペンを使ってみました。とても書きや

すいです。

第8课 和丸山先生的相识

Step1 ①について ②ず ③さえ ④に従って ⑤ことになりました

Step2 1. ①私は大学で中国文学史について研究したい

②李さんは塾に行かず

③文章を書くのはもちろん平仮名さえ読めない

④会議での決定に従って

⑤入社式でスピーチをすることになったので

2. ①この町の歴史について調査します。

②切手を貼らずに手紙をポストに入れてしまいました。

③日本人でさえ、敬語を間違える場合がある。

④火災発生時は、係員の指示に従って冷静に行動してください。

⑤今年学校の運動会は行わないことになりました。

第9课 夏日蝉鸣

Step1 ①と ②と ③ほど ない ④ければ ほど ⑤ながら

⑥そうな

Step2 1. ①昔ほど賑やかではありません。

②山は登れば登るほど

③私はアルバイトをしながら

④石田さんが忙しそうだから

2. ①暖かくなると、桜が咲きます。

②この番組は思っていたほど面白くなかったです。

③あの人の話は聞けば聞くほどわからなくなる。

④私は録音を聞きながら、日本語を勉強します。

⑤太郎は健康そうで、可愛い赤ちゃんです。

第10課　明石飞鸟人

Step1　①したり、とったり　②間　③ところ　④なんと　だろう

Step2　1.　①本を読んだり、テレビを見たりします

②両親が旅行をしている間

③これから食事に行くところなんですが

④なんと悲惨な場面なのだろう

2.　①去年は大雨が降ったり、地震が起ったりして、大変でした。

②夏休みの間、私はずっと実家にいました。

③これからパンを焼くところです。

④あの子はなんとかわいそうなのだろう。

第11課　花讯

Step1　①によると　②ばかり　③に関して　④として

⑤なければいけません

Step2　1.　①今回の『中国社会の高齢化』に関してのアンケートに

②安全でなければいけない

③朝新聞の予報によると

④私も通訳として一緒に行きます

⑤この本は漢字ばかりで

2. ①その件に関しては全く興味がない。

②旅行かばんは軽くなければいけないよね。

③李さんによると、王さんは風邪を引いたので、今日学校を休んだそうだ。

④彼は留学生として日本に来た。

⑤彼女ばかりに好意を示す。

第12課　园艺工与樱花

Step1　①にしろ　にしろ　②うちに　③ごとに　④だからこそ

Step2　1. ①好きにしろ、嫌いにしろ

②彼女の話を聞いているうちに

③オリンピック大会は4年ごとに開催される

④彼は成績がよかったからこそ

2. ①旅行に行くにしろ行かないにしろ、決めたらすぐ知らせてください。

②若いうちに、いろいろな国へ旅行に行きたいです。

③私は2年ごとにパソコンを新しいものに交換する。

④能力があるからこそ彼にはリーダーをしてほしいと思っている。

第13课　山间车站

Step1　①たび　②ため　③ことにする　④らしく　⑤そうだ

　　　　⑥ものの

Step2　1.　①私は李さんに会うたびに

　　　　　②雪がたくさん降ったため

　　　　　③アルバイトをしないことにした

　　　　　④秋らしい天気です

　　　　　⑤去年の試験は簡単だったそうだ

　　　　　⑥頭ではわかっているものの

　　　　2.　①この写真を見るたび、故郷のことを思い出す。

　　　　　②この町は交通が不便なため、バイクを利用する人が多い。

　　　　　③アルコールはもう飲まないことにする。

　　　　　④日本語らしい日本語を身につけたい。

　　　　　⑤天気予報によると、明日は大雨が降るそうだ。

　　　　　⑥3日間でレポートを書き終わるとは言ったものの、でき

　　　　　なかった。

第14课　防府站奇遇

Step1　①間に　②とおりに　③のに　④っぱなし　⑤ことに

Step2　1.　①暇な間に

　　　　　②説明書どおりに

　　　　　③夜の12時なのに

④エアコンをつけっぱなしにしていたのに気づかず

⑤困ったことに

2. ①日本に留学している間に富士山に一度登りたい。

②おっしゃるとおりです。

③暑いのに、鈴木さんは窓を開けないで勉強しています。

④電気をつけっぱなしで寝てしまった。

⑤うれしいことに、来年日本に留学できそうだ。

第 15 课　防人与落叶

Step1 ①きり　②ように　③ように　④とともに

Step2 1. ①今朝の新聞は見出しを読んだきりで

②子供のように喜んでいた

③今度の試合に勝てるように

④人口の増加とともに

2. ①一回きりの人生だから、楽しく過ごしたい。

②先週は図書館が休んだようだ。

③黒板の字がよく見えるように前の席に座りました。

④気温が高くなるとともに、次々と花が咲き始める。